実践セミナー

不登校の理解と支援

4つの視点によるアプローチ

池田 久剛 ［著］

金子書房

はじめに

　地域の方々に向けた公開講座などで，不登校についてお話をさせていただく機会があります。そういうときに聞きに来てくださるのは，子どもさんが不登校で悩んでいらっしゃる保護者の方が多いようです。あるとき，一通り話を終えて，最後の質疑応答の時間のことでした。ある男性が挙手をされ，自分も昔は不登校だった，しかし，家族をはじめ周囲が温かく見守ってくれたので，その後立ち直ることができ，今ではこうして普通に社会人として生活をしている，だから，家族の方も心配をしないで，温かく見守ってあげてください，という趣旨の発言をなさいました。

　経験者の発言には，特別なインパクトがあります。その場に居合わせた方々は，ホッと，胸をなで下ろされたのかもしれません。しかし，私は心の中で，大粒の冷や汗を流し，大きな違和感に包まれてしまいました。

　不登校を経験したにもかかわらず，そこから立ち直り，社会に適応している方は，こうやって公開講座で発言することもできます。経験者の声は重く，多くの方々に強い影響を与えます。あたかもそれは，一般的な不登校児の将来像，モデルとして目に映るかもしれません。しかし，一方で，なかなか立ち直れず，成人後も引きこもる方たちは少なくありません。そのような方が公開講座に足を運んで，現在も引きこもった生活をしている苦悩を発言してくださることは難しいでしょう。しかし不登校に関しては，後者の方が，サイレントマジョリティーである可能性はないのでしょうか。

　マジョリティーと言っては言い過ぎかもしれません。ですが，本文中で見るように，不登校をきっかけに，成人してからも引きこもりを続ける方々が少なくないのは事実です（成人の引きこもりに軸足を置いてみると，その中で不登校がきっかけの事例は2割程度と言われますが，不登校に軸足を置いてみるとき，将来引きこもりになる事例が2割しかいないわけでは決してありません）。しかしその存在は，社会の中で，大きな声を上げることは滅多にありません。

　ご家族を含めた当事者たちにとっては十分に深刻な問題なのですが，社会的には，「うつ病はこころの風邪。誰がかかってもおかしくない」という言い方

と同じように，「不登校は誰にでも起こりうる」「学校に行けなくても問題ではない」そういったメッセージが既に，発言者の意図を超えて一人歩きし，一部とはいえ，「不登校」問題がどこにでもある普通の出来事として語られる傾向に，違和感を覚えずにはいられないのです。

　一方，現場でスクールカウンセラーとして活動している臨床心理士や公認心理師の中にも，やみくもに「登校刺激をしない」「学校に行かなくてもよい」と主張している人がいるのではないかと危惧しています。小学校の頃学校に行かなくなり始め，スクールカウンセラーから上記のようなアドバイスを受け，その後不登校が遷延化した高校生の事例に何度もお会いしてきました。専門家としての関わりが，結果として不登校の遷延化につながったり，子どもたちの成長可能性を阻害する要因につながったりしかねないのではないか，という危惧が，頭をよぎるのです。「登校刺激をしない」「学校に行かなくてもよい」論が，日々子どもたちと関わる教員や保護者の方にも，結果的に，意図せざる方向に影響を与えている場合があるのではないか，という疑念も拭えません。詳しいことは本文中でお話ししたいと思いますが，以上のような現状をふまえ，ここで改めて，不登校という現象を理解し，どう関わっていくのか，論点を整理することは無駄ではないように思います。

　その際，「こころの風邪」として捉えることができる軽度の抑うつと同様に，発達の過程で生じる，ある程度放っておいても改善していく不登校児もいます。しかし一方では，薬もなかなか効かない重度のうつ病があるように，適切に介入しなければ長きにわたって社会生活から後退してしまう不登校も存在するのです。安易に「不登校は○○」という，一言で括ることは危険です。

　だからと言って，「不登校児も一人一人，違う」ので，一人一人に合ったアプローチをそのつど考えましょう，というだけでは，何も言っていないのと同じです。そのような不登校の複雑さを，少しでも多くの支援者，特に学校の先生方と共有できれば，と思っています。

　スクールカウンセラーとして，あるいは大学の相談室を通して，長年不登校の児童・生徒に関わってきた中で改めて思うのは，学校の先生の存在の大きさです。日々学校で児童・生徒と接している先生方に対して，スクールカウンセラーの関わりは微々たるものです。スクールカウンセラーは，先生方の協力なしにはほとんど無力です。だからこそ，臨床心理士（公認心理師）の専門性よりは，先生方の立場に近いところで不登校の問題を共有していくことができれ

ばというのが私の願いです。その先生方と協働し，不登校を支援する際に，何か大まかな方角を示すコンパスのようなものを提供できないだろうか，と試行錯誤しながら，教員研修などでお話をさせていただいてきました。その中で紡ぎ上げてきた私なりの，大雑把な地図のようなものを，今回まとめさせていただきました。

　もちろん教員だけではなく，不登校に関わる全ての支援者にも参考にしていただければと思うのですが，先生方には，スクールカウンセラーやスクールソーシャルワーカーといった専門家を，臆することなく「使って」いただくためにも，参考にしていただければと願っています。

　あくまで途中経過の仮説（叩き台）に過ぎませんが，不登校児に関わる上で，一人一人にあったアプローチを考える際のきっかけにしていただければ幸いに存じます。

目次 ·····························

Ⅲ　神経症的不登校と自己愛的不登校

Ⅳ　4つの視点からの理解と支援

I

....

不登校の概況と
4つの視点
（要因）

成人の引きこもり

- 「若者の生活に関する調査報告書」（内閣府, 2016）では, 15歳〜39歳の年齢層における引きこもりは約54万人,「生活状況に関する調査」（内閣府, 2019）では, 40〜64歳の引きこもりが全国で約61万人と推計される
- 前者で引きこもりの状態になったのは14歳以下が12.2%　15歳〜19歳が30.6%
- 後者のうち40〜44歳で, 引きこもりの開始が15歳〜19歳であるものは8.3%

　近年, 中・高年の引きこもりについての社会的な関心が高まってきています。それは時には, 社会的に注目を集める事件・犯罪がきっかけである場合もあります。引きこもりを中・高年限定で考えれば, 就職氷河期世代で, 望む職業に就けなかったり, 一度は就労したものの, 何らかの事情でその後退職したりして, 引きこもりにつながるケースも少なくありません。しかし一方で, 学童期〜青年期の不登校がそのまま引きこもりにつながっているものも少なくないことが注目されます。

　古いデータで恐縮ですが, 2003年の国立精神・神経センター精神保健研究所と厚生労働省の全国調査では, 引きこもりの61.4%は不登校経験者であるという報告もあります（国立精神・神経センター精神保健研究所・厚生労働省, 2003）。

　大人の引きこもりに関して, 犯罪に関係した事案では, マスコミが派手に報道するせいか, 社会的な注目を浴びますが, 実質はそれほど多いわけではありません。それよりも,

① 本来賃金を稼ぎ, 消費の主体となることによって, 所得税, 消費税等の税収の支え手としての潜在的可能性があるにもかかわらず, そうなってい

ない。

②　外国人労働者問題に見られるように，人口構成上労働力人口が減少してきている中で，潜在的な労働力としての期待ができるにもかかわらず，その能力が十分に反映されていない。

といったような問題が，引きこもりにおける本質的な問題ではないでしょうか。

逆に言えばわが国にはまだ，労働を支え，税収を支える可能性のある人々がこれだけたくさん埋もれているということなのです。

ちなみに平成30年度の外国人技能実習生は，20歳未満〜50歳以上と幅がありますが，約39万人（外国人技能実習機構，2019），平成30年10月末時点での外国人労働者は約146万人（厚生労働省，2019）です。産業によっては後継者不足であったり，技能実習生を労働力としてあてにしたりしている分野もあるようですが，潜在的な労働力として引きこもりの方々の存在は見過ごすことができません。

外国人労働者を否定するものではありませんが，彼らがわが国の文化や価値観に順応する苦労を考えると，引きこもりのみなさんが労働力，そしてそれに見合うだけの消費者として社会参加することができれば，わが国の経済を活性化する一つの起爆剤にもなるのではないでしょうか。

さらに，引きこもりが長期化ないしは高齢化するにともない，8050問題が注目されるようになりました。高齢の親と同居する中で，収入だけではなく介護の問題も発生しています。2018年には，亡くなった母親の遺体を10ヶ月間放置したとして，引きこもり状態の長女が死体遺棄罪で逮捕されるという事件が発生しています。私たちは大人の引きこもりに真剣に向き合わざるを得ない時代に突入していると言えるでしょう。

このような状況の中で，一つの節目が，学童期〜青年期にあると思うのです。小〜中〜高で不登校になったとしても，そのあとも引き続いて引きこもるのか，それともこのハードルを乗り越え社会に適応し，労働と税収の担い手として，また，経済的自立を成し遂げた上で自分自身の人生を謳歌するか，それは個人にとっても社会にとっても大きな違いではないでしょうか。

この学童期〜青年期の不登校を少しでも改善することができれば，またその一助にでもなれればと切に願っている次第です。

全国の不登校児童・生徒の推移

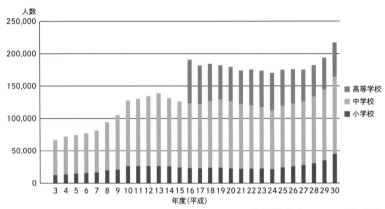

文部科学省，2019より作成

　これは，不登校児童・生徒の推移ですが，平成16年度より，高等学校の不登校生の統計もとられるようになりました。以前，高等学校の倍率が高く，希望する高校に入学するのも容易ではなかった時代，高等学校はもとより義務教育ではありませんので，来たくなかったら無理して来なくてよい，という考え方もありました。しかし，少子高齢化で18歳人口も激減している今日，全国で公立高校の統廃合の波が押し寄せ，来なくてもよいと切って捨てることは困難になってきました。学校によってバラツキはありますが，多くの高等学校でも，不登校生徒への対応を求められるようになりつつあります。

　グラフから，小学校に比べ中学校で，不登校生徒が３倍近くに増えていることがわかります。これには中１ギャップと呼ばれるような要因，クラス担任制から教科担任制への移行で，一人一人の生徒への関わりがクラス担任制に比べれば弱くならざるを得ないことや，中学での学習がより，抽象的で難易度を増していくこと，等が考えられます。

　それに対して，高校での不登校は中学に比べれば半分ぐらいに減っています。これは，不登校が改善されている，と見てよいのでしょうか？　恐らくそ

うではありません。高校全入の時代になったとは言ってもやはり，高校に入れなかった，あるいは入学しても退学する生徒は一定数いるでしょう。また最近は，通信制の高校も増えています。中学で不登校だった生徒が通信制の高校にお世話になるケースは少なくありませんが，これはそもそも毎日登校していなくても不登校にはカウントされません。さらに近年では，多様な学びの場が認められるようになり，フリースクールの数も増えてきました。高校に在籍していないので不登校とはカウントされなくても，専門学校に行くでもなく，働くでもない16〜18歳人口も，結構いるのではないかと推測されます。

　以上のようなことを考えると，中学時代の不登校傾向が，卒業後もしばらくは持続しているケースが多いのではないかと推測されます。中学生の不登校はおよそ10万人前後で推移しています。中学生の不登校と成人の引きこもりでは，年齢の幅も全く違うので安易に比較することはできませんが，それにしても，先ほどの若年層〜中・高年の引きこもりの中に，少なからず，その発生が学童期〜青年期に遡るケースがあることとつながります。

　中学〜高校での不登校が，成人後の引きこもりにつながるケースが少なくないとすれば，やはり，成人後の引きこもりの予防策の一つとして，小〜中〜高での不登校への介入が鍵になるのではないでしょうか。

　さて，ここまで読んでいただいて，そんなことは当たり前じゃないか，と思われますか？

　このような統計的な事実を長々と述べてきたのには訳があります。それは，近年社会的には，先ほどのフリースクールの一部もそうかもしれませんが，子どもが学校に行かない状態を肯定的に捉える考え方も少なくないからです。2017年文部科学省は，「フリースクール等に関する検討会議」の報告を公表しています（文部科学省，2017）。その中で，学校以外で学ぶ児童・生徒の実態に即した支援が必要であることが述べられています。

　私も決してフリースクールを否定するつもりはありません。ただ，カウンセリング等を通じて学校に復帰していく児童・生徒が数多くいることも事実であり，最初から学校に行く必要はない，ということではないと思います。学校に行くことでメリットがあるにもかかわらず，行けずに苦しんでいる児童・生徒が少なくないというのが，これまでの臨床経験を通した私の実感です。

3 平成30年度 児童生徒の問題行動・不登校等生徒指導上の諸課題に関する調査結果

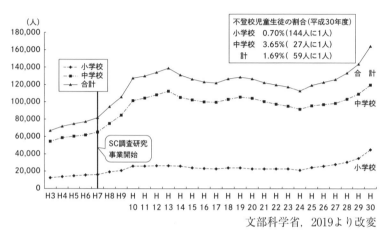

文部科学省，2019より改変

　平成7年度に，スクールカウンセラーが調査研究事業として導入され，その実績が高く評価され，毎年予算と配置規模が拡大していきました。その数字を見るとスクールカウンセラー調査研究は大成功を収めたように見えますし，実際に現場でも高く評価されていたようです。しかし，不登校児の増え方を見ると，実はスクールカウンセラーが導入されたあと，平成13年度ぐらいまでは「右肩上がり（？）」で増えていることがわかります。この逆説にはとても大きな意味があるのではないでしょうか。

　スクールカウンセラーが導入をされた経緯を考えると，その意味の一端が見えてきます。スクールカウンセラーが導入される直前の社会の喫緊の課題は，いじめによる子どもたちの自殺でした。1986（昭和61）年に，東京都の中学2年生が，克明な遺書を残し，自殺しました。それまで学校におけるいじめに対して大人たちの反応は，「昔からいじめはあった」「社会に出てからもいじめはある」「いじめぐらいに負けてどうする」「いじめられるから学校に行けないなんて，そんなの理由にならない」と言ったものでした。しかし，先の遺書によって，当時の中学校における，特に集団による個人に対するいじめは，一人の中学生を死の淵に追いやるに十分な恐怖であることが明らかになりました。

それから10年ほど，全国でいじめによる，あるいはそれを疑わせる自殺が相次ぎました。このような危機に対していつまでも手をこまねいているわけにもいかず，1988（昭和63）年に，臨床心理士資格認定協会による資格認定制度がスタートしました。1994（平成6）年，愛知県の中学2年生が，総額100万円を超える金銭を脅し取られ自殺する事件などを経て，漸く平成7年，スクールカウンセラー調査研究がスタートしました。

　当時臨床心理士をはじめとする，多くの専門家が，「命を捨ててまで学校に行くことはない」「いじめに耐えきれないとき，死ぬくらいなら学校に行かなくてもよい」「子どもがこんなに追いつめられているときに，登校刺激をして無理に学校に行かせるのはよくない」というメッセージを繰り返しました。当時の状況としてそのメッセージは正鵠を射たものであり，多くの子どもたちが救われたのではないでしょうか。今日においても，同じような状況であれば，私は「無理して学校に行く必要はない」と伝えたいと思います。

　しかし，残念ながら，言葉はしばしば「一人歩き」をします。

　学校に行けない全ての子どもたちが，いじめの被害者であるわけではありません。そこまで深刻な状況に晒されているわけではなくても，「登校刺激をしてはいけない」「無理に学校に行く必要はない」というメッセージは心地よく，学校に行けないことで苦しんでいる子どもとその家族を短時間で楽にします。これではまるで，強力な鎮痛剤で痛みを消したり，解熱剤で無理やり熱を下げたりしているようです。それが一時的に当事者を楽にするために，①「登校刺激をしていけない」というメッセージが一人歩きをし，濫用されるに至ったのではないか，②このメッセージの副作用として，本来それほど深刻ではなかった行き渋りの子どもたちまで，本格的に不登校になり，不登校の数が増え，③以前より遷延化するケースが増えているのではないか，というのが私の仮説です。

　身体の病気において，痛みや熱という症状は，とても大切なメッセージです。薬で無理に痛みや熱を感じなくすれば一時的に身体は楽になるかもしれませんが，身体に起きている本質的な病理は改善されることがなく，場合によってはさらに悪化してしまうことにもなりかねません。

　同じように心の問題でも，起きている問題から目をそらし，一時的に楽になることが，よりいっそう問題をこじれさせ，複雑化させることがあります。このことについてはまた後ほど考えたいと思うのですが，まず先に，心の問題を身体の問題のアナロジーとして考えることの利点を見ていきたいと思います。

不登校は病気か？

- 「不登校＝病気」とは言えない
- 「発熱」は様々な病気の症状の一つであるように，不登校も様々な背景から生じる症状(表現形態)の一つ
- 「熱を下げる」ことが治療の目的にはならないように「登校できる」ことは必ずしも目的ではない

　以前は「不登校＝病気」と考える方もいたようです。「学校恐怖症」としての不登校は，「恐怖症」として精神病理学の範疇に入れることは可能かもしれません。

　しかしそれにしても，それ自体が病気である，というよりは，何らかの症状，として捉える方が理に適っているようです。それはつまり，身体疾患における，「熱が出る」とか「咳が出る」といった症状と同様です。症状だけでは，どう対処（治療）してよいのかわかりません。よくある風邪，インフルエンザ，肺炎，結核，等々，症状の背景にある病理（診断）の違いによって，治療法は異なります。

　つまり，目に見える症状だけに囚われるのではなく，その背景において，身体全体として何が起きているのか，ということを精査しなければ，治療法を選択することができないのです。

　心の問題はそうやすやすと原因を突き止めることはできませんが，それにしても，不登校であれば，その背景で起きているであろうことを予想しながら，対処法を考えていく必要があるのではないでしょうか。

　不登校を症状と考えることによって，不登校を一律に考えるのではなく，不登校という症状を生起させるその背景に目をやり，アプローチを考えられるようになるという，第一の利点を提案します。

　第二の利点として，しばしば，不登校の相談において，家族や教員から，「この子は学校にさえ来られれば問題はありません。学校に来られるようにしてください」と訴えられることがあります。しかし，これが身体の症状であれば，何らかの病気で熱を出している子どもに，「この子は熱さえ下がればあとは問題ありません。とにかく熱を下げてください」と言って病院を訪れる保護者はいません。しかしそのような訴えが，不登校においてはしばしば聞かれるのです。それは奇妙な訴えです。

　不登校そのものが一つの病気であると考えればそのような言い方も成り立つかもしれません。しかし，不登校が一種の症状であるという立場に立てば，自信を持って，「その症状の背景で起きていることが重要です」と申し上げることができます。このように，学校に行けるか行けないか，という目先の事態に拘泥する方々に対して，それが問題の本質ではないことを伝えるメタファーとして役に立ちます。

　その背景の問題を棚上げしてとりあえず学校に行けるようになっても，すぐにまた行けなくなることもあります。もちろん場合によっては，だましだまし学校に行き続ける中で，子どもたちが成長し，適応していける場合もあります。目の前にいる子どもがどちらのパターンに該当するのか，それは偶然に任せるような問題ではなく，「学校に行けない」という症状の背景で，その子の全体的存在の中で何が起きているのかを予想し，対処法を選択し，関わっていく態度が期待されます。

　それが，「見立て」と呼ばれるものです。

　また，「発熱」という症状には，免疫系の活動を活性化し，細菌やウイルスに対する防護能力を高める側面があります。咳やくしゃみ，鼻水も異物を身体の外に排泄するという機能を持っています。同様に「不登校」という症状にも，何らかの，身体（個人）にとって有益な働きが隠されていると考えることができます。医療において無闇に解熱剤を処方するのではなく，免疫系に代表される自然治癒力の力を借りながら治療を考えるように，「不登校」という症状の意味を考えながら，子どもの成長を見守ることは大切でしょう。しかしそれが，やみくもに「登校刺激をしない」「本人が登校したくなるまで待つ」とお題目を唱えるのではないことは言うまでもありません。

　そこでのカウンセリングの意義などについてはまた後ほど考えてみたいと思います。

5 不登校の4要因

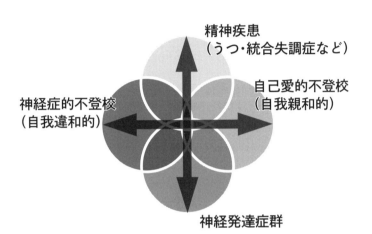

精神疾患
(うつ・統合失調症など)

自己愛的不登校
(自我親和的)

神経症的不登校
(自我違和的)

神経発達症群

　不登校を考える上で，私はこの，4つの要因をまず，イメージとして描いておかれるとよいと思います。それぞれについては追々詳述していきますが，色や光の三原色のようなイメージをお持ちいただけるとよいのではないでしょうか。色や光は，無数にあります。しかし，色であれば「赤・青・黄」，光であれば「赤・青・緑」の三原色を混ぜ合わせることで，無限に色や光を合成することができます。

　よく，「不登校は一人一人違う」という言い方がされることがあります。この意見には私も賛成です。しかし，それだけだと，「あとは一人一人に応じた対応・対策を，そのつど考えてください」という結論にならざるを得ません。究極にはその通りだと思うのですが，さりとてそれだけではあまりに不親切ですし，結果として，何も言っていないに等しくなります。

　確かに不登校児は一人一人固有の存在であり，ある人に効果があった方法が他の人にも効果があるとは限りません。しかし，そのつど全く白紙の状態にリセットして関わりを始めるというのでは，せっかくの経験が生かされません。また，ある人に効果があった関わり方が，別の人には全く逆効果になる，とい

うことすら起きかねません。心理的支援を論ずるに当たって「効率」を強調するのには違和感がありますが，少なくとも不適切な対応や逆効果を与えないためには，上記の4要因を頭に描き，それぞれの要因がどのようなウェイトでミックスされているのかを想像しながら関わると，比較的リスクは軽減されるのではないでしょうか。

また，後半で述べるように，不登校に対する対応があまり適切に行われなかった結果，本来の子どもの成長が妨げられたり，必要以上に長期化してしまったりするケースが少なくないように考えられます。そのような危険性をできるだけ避けるためにも，このような要因を背景として考えていただければと思います。

類型論と特性論

心理学において性格を論じるときなどに，類型論か特性論かという2つの視点で考えられることがあります（14頁参照）。

この4要因の考え方は，類型論ではなく，特性論です。文部科学省などが統計として発表する際には，どういうタイプの不登校が何％という形式になることが多いようです。類型論の利点は，このように，タイプをはっきり分けることで，イメージしやすくなります。しかし現実には，不登校が厳密にいくつかのカテゴリーに分類できるわけではありません。言い方を変えると，目の前にいる一人の不登校児が，あらかじめ用意されているカテゴリーに，いつも都合よく当てはまるとは限らないわけです。強いて言えばこのカテゴリーに近いけれど，こういう特質も持っているよね，ということが現実には多いものです。その現実をより反映できるのは特性論です。従って，この4要因説も，既存の4つのカテゴリーのどれに当てはまるのか，ではなく，目の前の児童に，このような特性がどれくらい強いかどうか，という見方をしていただければと思います。なぜこの4つのカテゴリーを提唱するかと言えば，それぞれの特性がどれくらい強いか弱いかの違いによって，アプローチが異なってくるからです（次頁参照）。

逆にいえば，目の前にいる不登校児にどのように関わっていけばよいか，と考えるときに，この4要因を一つの目安や手がかりにしていただければと思うのです。そういう意味では，詳細な手段ではないけれども，それを選ぶときに参考していただく，「地図」のようなものだと思っていただいても間違いではないのではないでしょうか。

6 <u>4要因に考慮した</u>
<u>アプローチ</u>

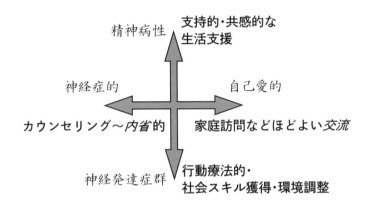

精神病性 / 支持的・共感的な生活支援

神経症的

自己愛的

カウンセリング〜内省的

家庭訪問などほどよい交流

神経発達症群 / 行動療法的・社会スキル獲得・環境調整

　さて，10頁でご紹介した4要因にもう一度戻りたいと思います。

　なぜ4要因説を考えたかというと，それによってアプローチの仕方が違うからだと述べました。

　身体の病気でもそうです。症状は同じように見えても，ただの風邪なのか，インフルエンザなのか，結核なのか，アレルギーなのか，背景で起きている現象の違いによって，治療法は違ってきます。

　不登校に対しても，馬鹿の一つ覚えのように「登校刺激をしてはいけない」と言うだけではなく，その背景で起きている事象に目をやり，アプローチを変えていく必要があるのです。

　この「内省」と「交流」という関わり方の違いは，妙木（2010）によるものであり，見立てによってアプローチを変えるのも同じく妙木の発想を借用したものですので，関心のある方はぜひそちらもどうぞ。

　ところでこの4つのアプローチですが，最初に述べたように，この4要因そのものが，類型論でどれかに分けようという発想ではありません。ですからこの4つのアプローチも，どれを使うか，ではなく，どのアプローチを主軸に，どのアプローチを補助的に使うかという，柔軟な発想で見ていただきたいと思います。

　後述しますが，どのようなアプローチであれ，その時期による濃淡はつけながらも，関わり続けることは大切です。学校に全く行けない完全不登校の状態でも，相談室だけは来られるのであれば，来てもらうべきですし，家から全然出てこられなくても，家庭訪問してそこでお話しすることができれば，それは続けるべきです。頻度や時間はもちろん本人の状態に合わせることが必要です。

　さて，ここで誰が関わることを想定しているのか，といえば，相談室でのカウンセリング的関わり以外は，家庭訪問にしろ，生活支援にしろ，環境調整にしろ，学校の先生方やご家族が中心です。だったら専門家は必要ではないのか？　と思われそうですが，そうではありません。

　ここでの専門家の腕の見せどころは，本人の状態をどのように見立てるのか，そうしてそれに応じて，どのアプローチをどの程度調合するのか，そのさじ加減が専門家の大事な役割です。もちろん私も最初から100％的確な判断が下せる自信はありません。しかし，関係者と連携をとりながら，本人の状態に応じて指示を出したり修正したりする役割は，とても重要な機能であり，専門家が必要とされる所以であると思います。

　クライエントのことを一番よくわかっているのは直接関わっている教員（やセラピスト）である，という考え方があります。概ね私も同意します。しかし，距離が近くなりすぎて，実は見落としてしまったり，よく見えていなかったりということも出てきます。カウンセラーのトレーニングとして，スーパーヴァイズといわれる方法があります。直接対応しているカウンセラーが，第三者の専門家にその内容を報告し，検討するものです。そうする中で私たちは，直接会っているにもかかわらず，意外と理解できていないことが多く，間接的にしか話を聞いていないスーパーヴァイザーの方が，むしろ全体的な構成を把握できていることに気がつきます。

　私たちはものを見るときに，2つの眼で立体視をしています。一人のクライエントのことを理解する上でも，複数の眼で立体視することで，奥行きのある深い理解ができるのではないでしょうか。

類型論と特性論

　類型論で有名なのは，例えばクレッチマーの性格論です。クレッチマーは，その人の体型から，その人の気質を推定しようとして，三大気質を提唱しました。

　①細長型－分裂気質：きまじめで，孤独を愛する。

　②肥満型－躁うつ気質（循環気質）：社交的，お世話好きで，人と一緒にいることを好む。

　③闘士型（筋骨型）－粘着気質（てんかん気質）：几帳面で頑固。熱中しやすく興奮しやすい。

　私たちが，あまり面識のない人を外見から判断しようとするときに，実は上記のようなイメージを持っていることは少なくありません。ドラマにおける配役やアニメのキャラクターなどにおいても，このような造詣が施されていると感じられることは少なくありません。

　また，内分泌系（ホルモン）の働きが，私たちの体型や情動に少なからず影響を与えることを考えると，クレッチマーの提唱した仮説もあながち否定はできないのかもしれません。後に出てくる「病前性格」を考える上でも，このクレッチマーの性格論は参考になります。

　しかし一方で，必ずしもこの分類にあてはまらない人が多く存在することは事実です。同じ人でも体型が変化すれば性格まで変化するのか，とか，そもそも数多くの人間を，たった3つのカテゴリーに分類できるのか，という批判もあります。

　ですから，他者を理解する際にある程度参考にするにしても，金科玉条にして「この人はこういう人だ」と決めつけるのはお勧めできません。

　丁寧に考えるならば，一人の人の性格には，何かその人らしさを表す主となる性格傾向がありながらも，同時に，少なからず，複数の気質が紛れ込んでいると考えるのが，妥当ではないでしょうか。

　そのような考え方をうまく示すことができるのが，特性論です。

　特性論の代表としては，バーンの交流分析理論をあげたいと思います。

CP ···Critical Parent（批判的な親）
NP ···Nurturing Parent（保護的な親）

A ···Adult（大人）

FC ···Free Child（自由な子ども）
AC ···Adapted Child（順応的な子ども）

杉田峰康，1988より改変

　バーンは当初，私たちの心の中に，3つの自我状態（親−大人−子ども）が存在すると想定しました。さらにバーンの弟子，デュセイはそれを5つの自我状態に細分化し，それぞれの特性の強弱を組み合わせることによって，その人のパーソナリティを捉えるためのエゴグラムを開発しました。

　百人いれば，可能性としては百様のエゴグラムが描かれるはずですが，実際には，表れやすいパターンというものも存在します。しかしだからといって，完全にいくつかのパターンに分類してしまうのではなく，おおむねこのパターンに近いのだけれど，それでもここがこうなっているのが，この人らしさではないだろうか，といった，大まかなその人の傾向と，その中でも特徴的なその人らしさ，その両方の視点を持てると，より，一人一人のイメージを立体的に描くことができるのではないでしょうか。立体は見る方角によって見え方が異なります。そのいくつかの見え方を統合することでより，そのもの自身の有り様を正確に理解することができます。同様に，不登校児を理解する際にも，いくつかの視点からイメージを描いて，それを統合的に理解していくことで，より深くその子どものことを理解することができるのではないでしょうか。

Ⅱ

....

精神疾患と
神経発達症群

7 「心因性」と誤解されやすい身体疾患

- 起立性調節障害（⊂自律神経失調症）

- 甲状腺機能亢進症

- 脳脊髄液減少症
  （『「なまけ病」と言われて～脳脊髄液減少症～』三谷美佐子　秋田書店, 2013）　等々

　繰り返しになりますが，一口に不登校といっても，様々なパターンがあります。ですので，この本では，ある一定の枠内にある不登校を取り上げていきたいと考えます。

　例えば，いじめによる不登校，とか，明らかに家庭の養育機能が低下しているために，家庭が子どもを学校に送り出すことができていない，といったような，環境的な要因が明確なものは除きます。その場合には学校環境や家庭環境を改善・調整する必要があることが明らかだからです。ただしそれは，学校環境や家庭環境を改善・調整する過程で，カウンセリング的なアプローチが役に立てることを否定するものではありません。

　また，今の教育制度の枠に収まりきれない能力を抱えた子どもたちがいることも確かでしょう。このタイプの子どもたちには，無理に学校の枠にはめ込むよりも，何か，その潜在的な能力を発揮できる適切な環境を与えることが必要かもしれません。そのようなケースもこの本の中では除外して考えたいと思います。ただここで気をつけていただきたいのは，そういった能力を持ち合わせた不登校児が，その才能を発揮できる道を見つけ自己実現していった事例をモデルに，だから不登校児はみんな素晴らしい可能性を持っているので，学校にこだわる必要はない，と，拡大解釈をしないようにしなければならないと思い

ます。学校に適応できない子どもたちの全てがアインシュタインになれるわけ
ではなく，やはりそれは例外中の例外と考えた方がよさそうです。

　また，学校に行けないことの背景に，何らかの身体的な疾患が隠されている
場合も除きます。それはもちろん，カウンセリングよりも，その身体疾患の治
療が優先されるからです。上記のような疾患では一見精神症状と思われる症状
が頻発し，心因性と誤解されることがあるので，気をつけなければなりませ
ん。

　一方，「心身相関」という概念にも表されるように，身体的な疾患が基盤に
あるとはいっても，心理的要因が症状に影響を与えることも少なくありませ
ん。ですから，身体的疾患があるからカウンセリングは不要だ，と短絡的に決
めつけることはできません。自分が楽しみにしているイベントのときは調子が
よくなる，とはよく聞く話です。基盤に身体疾患があるとしても，精神的なも
のの影響が大きいことも考えられるので，病気に逃げ込むのではなく，葛藤を
意識化し，向き合うことも重要です。

　一般的に，カウンセリングが対象とする「心の問題」は目に見えません。不
登校の背景も簡単には可視化できません。ですから，不登校というとどうして
も「心の問題」を連想しやすいのですが，カウンセリングや精神療法において
「心の問題」すなわち「心因」を想定してアプローチするのは最後だと言われ
ます。それどころか，不登校児は最初に頭痛や腹痛などの身体症状を訴えるこ
とが少なくありません。ですから，心の問題の前に，身体的な病理が発生して
いないかどうか，医療機関で十分なチェックを受けることが大切です。

　この，身体的な病理を見逃してしまうと，クライエントやそのご家族の苦痛
を必要以上に長引かせることになります。その過程でクライエントの自己肯定
感が低下したり，ご家族の心労が深まったりと，クライエントやご家族にとっ
ての不利益が必要以上に増大してしまうことになります。

　こういった身体疾患の中には，専門医でなければ検査や診断が難しいものも
あります。症状に応じてぜひ適切な医療機関を受診されることをお勧めしま
す。その上で，主治医がカウンセリングの必要性を認めるならば，できれば書
面で紹介状などを作成していただき，カウンセリングの相談機関に持参ないし
は郵送していただくことで，スムーズに心理相談を開始することができます。

　身体的な疾患が除外された場合には，従来内因性と呼ばれていたある種の精
神疾患を疑うことも必要です。精神疾患といってもここでは，今日気分障害と
呼ばれるうつ病なども含めて考えていきたいと思います。

⑧ 精神疾患

- うつ病
  （cf. バールソン**児童用抑うつ性尺度　DSRS-C**）
- 双極性障害（Ⅰ型・Ⅱ型）
- 統合失調症

- 高校生の時期に発症しやすい

　不登校の背景の精神疾患として，うつ病の存在をあげることができます。以前は，うつ病は青年期以降に発症するもの，と考えられていました。しかし，村田（1996）をはじめとするその後の研究により，小児期よりうつ病は存在することが明らかになってきました。バールソン児童用抑うつ性尺度（三京房）は，村田らが翻訳したものです。いわゆるうつ病が脳の器質的な基盤の上に発生するものであるとするならば，小児期から何らかの症状が発生しても不思議ではないのかもしれません。

　うつ病自体が完全に解明されているわけではありませんが，うつ状態には従来内因性のうつ病と表現されていた，器質的な一種の脳の疲れやすさ，とでも考えられるものから，自分にとって大切な対象（環境などを含む）を失ってしまった，対象喪失にともなう抑うつ反応まで，幅があることが考えられます。

　いずれにしろ脳が疲れているのですから，脳を休ませることが必要です。この場合には登校刺激は勧められません。薬を使うかどうかは，子どもの年齢や状態，主治医の方針によっても変わってくるようです。

　脳の器質的な問題（疲労）であれば比較的薬物療法に反応する可能性が高いと考えられますが，対象喪失の心の痛みを薬で解消することは難しい面があります。身体疾患がそうであるように，医師の判断を待った上で，医師の指示によってはカウンセリングが導入されることもあるでしょう。

　また，小児期は特に，「仮面うつ病」と呼ばれる，大人のうつ病に比べて精神症状が顕著ではない，むしろ身体症状が前面に出やすい状態があることも知られています。

　いずれの場合も先述の適度な休養に加えて，軽い運動や作業を通して脳に刺激を与えることが，脳の回復に効果があるとの知見もあるようです。また，本人が楽しめること，没頭できることがあれば，それも回復の助けになるようです。ただ，ゲーム機やスマホ，パソコンなどを使ったデジタルゲーム等は，別の問題を引き起こす危険性もあるので十分な注意が必要です。成人のうつ病者の中には抑うつ気分を紛らわせるためにアルコールに逃避する人もいますが，それが決して本人のためにならないのは言うまでもないのと同様です。

　うつ状態ですから，生活全般において意欲は低下し，当然，登校や勉学に対する意欲も低下します。しかし回復してくると，色々やる気が湧いてきます。このときに，周りが焦って期待しすぎないことや，逆に，心配しすぎて本人のやる気を削がないことも大切です。本人にやる気が出てきたらぜひ挑戦させてみて，しかしうまくいかなくても大丈夫，三歩進んで二歩下がるくらいの気持ちで見守れるとよいでしょう。また，安心して失敗できる環境を整えることも大切です。あらかじめ，やってみてダメだったらまた休めばよいのよと，保障しておいてもよいでしょう。

　もちろん，子どもが一進一退を繰り返しているとき，それを抱えるご家族の心労はいかばかりかと思います。子どもから投げ込まれた不安をそのまま子どもに投げ返すと，子どもはどうしてよいかわからなくなります。このようなときこそ，ご家族はカウンセリングなどを活用して，ご家族の不安をカウンセラーに投げ込んで抱えてもらえるとよいでしょう。そうしてご家族の心に余裕ができれば，そこが子どもの不安を抱えるスペースになるのです。

　いずれにしても，うつ病〜うつ状態が疑われるときは医師に相談してみることをお勧めします。周りの家族にとっては全く，予想だにしなかったことが子どもには対象喪失として体験され，抑うつの引き金になっていることもあります。また，本人にとっては過剰な負担がかかる時機が過ぎ去ったのちに，抑うつ症状が現れることもありますので，第三者の視点を持ち込むことは無駄にはなりません。

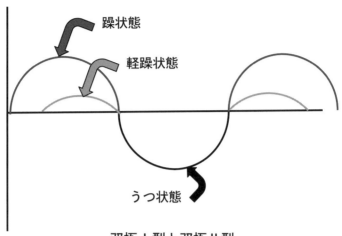

躁状態

軽躁状態

うつ状態

双極Ⅰ型と双極Ⅱ型

　もう一つ気をつけていただきたいのは，双極性障害です。これには，従来躁うつ病として知られていた，躁状態とうつ状態が繰り返される双極Ⅰ型と，Ⅰ型ほどには目立たない軽躁状態とうつ状態が繰り返される，双極Ⅱ型があります。双極Ⅱ型では，Ⅰ型のような極端な躁状態が見られないため，軽躁状態に気がつかれにくく，軽躁状態であっても，普段よりはテンションが高い，怒りっぽい，多弁である，といった感じで見過ごされ，「うつ病」として処理されることがあります。

　うつ病と双極性障害では，脳の中で起きている病理が異なり，処方薬も変わってきます。ですから，治療上この区別は重要です。多くの場合本人にとっては，うつ状態を苦しく感じます。従って，受診してもうつの辛さを訴えることに終始されると，治療者もうつと判断しがちになります。このとき，家族や教員など，少し長い期間本人と関わりのある人が，うつではないときの状態を適切に伝えることができると，うつか双極性障害かの鑑別に役に立ちます。長く一緒にいる家族よりも，教員の立場の方がより，冷静かつ客観的に判断ができるかもしれません。

　昔から，精神疾患には，特定の精神疾患を発症しやすい病前性格があることが知られています。厳密に一対一対応をするわけではありませんが，役には立ちます。うつ病になりやすい人は元々，几帳面で，責任感が強く，完全主義，などと言われています。それに対して双極性障害では，社交的でお世話好き，共感能力は高く気分は移りやすい，と言われたりします。そのような性格傾向

をふまえた双極性障害の理解と対応には，神田橋（2005）他や，かしま（2007）他が参考になります。そこから私なりにまとめると，

・気分屋的に生きると気分が安定する：
　気分が移りやすいことを肯定的に捉え，一つのことに執着せず，気の赴くままの行動を積極的に取り入れる。
・一つのことに集中するよりは，「ながら族」的な生き方を推奨する。
・内省するのではなく，他者に対する観察・評価，それに基づいた他者との付き合い方に目を向ける。
・人のお世話をして喜んでもらえるような楽しみを見つける。

　また，神田橋が双極性障害の人がうつに陥りやすい引き金について述べています。キーワードは「徒労感」です。
　今述べてきたように，双極性タイプのパーソナリティは他者に対する興味関心が高く，何か他人の役に立つことで喜んでもらいたい願望を強く持っています。しかしそれは，ややもすれば受け入れられない，認められない，当たり前のように受け取られてしまう，さらには「お節介」という言葉で否定的に受け取られてしまうことさえあります。そうすると，果たして自分が行ったことが他人の役に立っているのか，ひいては自分の存在価値に対する疑問，自分なんか必要ないのでは，むしろいない方がよいのでは，といった自己否定的な感情にもつながりかねません。ですから，その行いに対しては否定せず，労をねぎらい，ただし，もしそれが相手にとって望まれない支援や介入であるならば，どのような介入を相手は求めているのか，また，他に手助けを求めている人がいるのではないか，あるいは，例えば接客とか介護とか，社会的に活かしていく方法があるのではないか，といったようなことを一緒に考えてあげられるとよいのではないでしょうか。

　いずれにしても神田橋，そして，かしまは，一人一人のパーソナリティを尊重し，それをいかに活かすかを支援の柱としており，学ぶところが少なくありません。

9 主な神経発達症群

- 知的能力障害
- 自閉スペクトラム症（ASD）（広汎性発達障害 ［PDD］, 自閉性障害）
- 注意欠如・多動症（AD/HD）
- 限局的学習症（LD）
- etc.

- (DSM-IVからDSM－5へ)

　DSM-5というアメリカ精神医学会による診断基準（髙橋・大野監訳, 2014）において, 従来発達障害と呼ばれていた状態像が, 新たに神経発達症群と呼ばれるようになりました。そしてここでは知的（能力）障害も, 神経発達症群に含まれるようになりました。臨床的には有益な判断であると思います。

　ASDやAD/HD, LD等について, それぞれ多くの解説書が出されていますので, 詳しくはそちらに譲りますが, そのうち特に憂慮している点について触れておきます。

　自閉スペクトラム症に限らず, 他の神経発達症群も一種のスペクトラムを形成しており, 典型例では医師の診断の元に適切な対応がなされているものの, 周辺群においては判断が難しく, 対応に苦慮しているケースがあると言わざるを得ません。その中でも特に, 軽度知的障害〜境界知能の子どもたちが見過ごされる場合が少なくないように感じます。

　宮口・松浦（2014）は, 知的な課題を抱える子どもが1クラスに5名程度は存在するにもかかわらず, ほとんど見分けが付かないと述べています。「小学校では成績は普通だったからといって知的能力障がいがないとも限りません」との指摘を真摯に受け止める必要があります。知的障害だからといって全く勉

強ができないわけではありません。視覚的な認知や手先の巧緻性，目と手の協応運動などに問題がなければ，きれいな文字や文章を書けたり，時間をかければ他の子どもたちと同様の課題をこなせたり，日常生活においては支障なく暮らすことができているように見えるケースは少なくありません。だからこそ，学年が上がって課題の難易度が上がり，子どもが次第に苦痛を感じるようになっても，「今まで頑張ってできたんだから，これからもきっとやればできるよ」と思われがちなのです。

　また，学年が変わって担任が替わると，「去年（○○先生の担任時）はできていたのに」と，できないことを教員の指導力に還元されそうになることがあります。その可能性もゼロではないのかもしれませんが，学年が上がれば課題の難易度も上がり，子どもにとって困難度が上がるわけですから，新しい課題がそれまでのようにはできないことがあっても当然です。

　しかし，神経発達症群の子どもたちは全般的に，自分の内面や体験を，適切に言語化して他者に伝えることが苦手です。去年まではできていたけれども，今年はこの部分が加わることによってとても難しくなった，などと説明することは困難です。たとえ先生が違和感を感じて，本人に確かめてくださっても，うまく説明できなければ，「はい，頑張ります」と言ってお茶を濁されてしまうこともあります。あるいは，できないことで叱責される経験を積み重ねていれば，その経験から，先生に指摘されたことに対しては変に弁明をせず「はい，はい，わかりました。やります」と答えておく方が波風を立てない，と学習している場合もあります。

　宮口（2019）は「現在知的障害者の定義はおおよそ IQ が70未満で社会性に障害があることとなっています。この定義であれば，およそ２％が知的障害に該当することになります」また，「ただ，そもそも知的障害自体は病院の治療対象ではありませんので，軽度知的障害であっても気づかれる場合は少なく，診断がつくことも少ないのです」と述べています。また，A. プリフィテラら（上野監訳，上野・バーンズ亀山訳，2012）においては，全人口の２％が知的障害と分類される可能性があることに言及した上で，一般社会に溶け込んだ軽度知的障害者が，そこで深刻な問題に直面する可能性があることを述べています。つまり，社会性に障害が出るのが在学中であれば，それは不登校などで表れますが，たとえ在学中には不登校などの問題が生じなかったとしても，成人後に深刻な問題（不適応）に直面する可能性（危険性）もあるのです。そのリスクは，気づかれない軽度知的障害者ほど高いのではないかと私は考えています。

知的（能力）障害

　知的障害とは何か，それは大変難しい問題です。インフルエンザであれば，検査をすることによって，「陽性」か「陰性」かがはっきりします。しかし，知的障害とそうではない状態には，陽性－陰性のような明確な区別はありません。何か確固とした実体としての「知的障害」が存在するわけではないのです。

　米国知的・発達障害協会（AAIDD，2012）によれば知的障害の定義は，歴史的な変遷やアプローチの違いをふまえた上で「IQ 得点が平均より約 2 標準偏差以上低い」ことをその条件の一つとしてあげています。

　DSM-5（髙橋・大野監訳，2014）においても

　A．臨床的評価及び個別化，標準化された知能検査によって確かめられる，論理的思考，問題解決，計画，抽象的思考，判断，学校での学習，および経験からの学習など，知的機能の欠陥。

　と述べられています。知的障害を診断する上で知能検査が大きな役割を果たしていることは間違いありません。しかしその基準は，かつては平均より 1 標準偏差（おおよそ IQ=85）を超えて低いこととされていた時代もあります。今日境界知能と考えられるレベルです。つまり，「知的障害」という客観的な実体があらかじめ自然界に存在し，それを検査によって見つけるのではないのです。もともと健常と知的障害の間に境目はなく，ある意味，作為的に設けられた基準によって分けられた上で，ある基準より低い IQ に対して，恣意的に「知的障害」と名付けているようなものなのです。「知的障害」というのは，必ずしも何か特別な状態を指し示すのではなく，背が高い人もいれば低い人もいるような，ある種の個人差に過ぎない場合が多いのです。

　今日では上述のように，平均から 2 標準偏差以上偏りがある場合に，これを意味のある数字と考えるのが一般的です。それは，統計的には全体の 2.27％になります。IQ で言えば，概ね70以下となります。

　しかし知的障害は単純に知能検査の数値だけで同定できるわけではないの

で，IQ＝70前後であるとしても，生活上何の支障もなく環境に適応できていれば，知的障害とは診断されません。逆に70以上あっても，環境にうまく適応できず生活に支障を来している場合は，総合的に見て知的障害と判断される場合もあるかもしれません。

　現在の日本の人口を仮に1億2千万人と考えると，厚生労働省の統計（内閣府，2020）では知的障害児・者は約109万人と推計されていて，DSM-5の有病率1％との記載に一致します。有病率とは，ある一時点において疾病を有している人の割合です。一方，先述の宮口（2019）やA.プリフィテラら（上野監訳，上野・バーンズ亀山訳，2012）における指摘をふまえると，人口の2％ですから240万人が該当する可能性があります。ここにある大きなギャップが，知的障害と認定される可能性（権利）があるにもかかわらず認定されていない，軽度知的障害者の存在の可能性を示唆しています。AAIDD（2012）では「第12章　IQ水準が比較的高い知的障害のある人の支援ニーズ」の中で，知的障害と診断された人の約80～90％が，IQ水準が比較的高い人であることに触れた上で，軽度～境界知能の社会生活上の困難に触れています。そして彼らの多くは，「学校を卒業し，住む社会が複雑になり，成人として生活する際の基準が高くなると，その人たちの本来の能力と，環境条件との隔たりが広がる」と指摘されています。軽度～境界知能にとって，特に成人後，複雑な現代の社会で，一人で多くの事案を処理することには多くの困難がともなうことが予想されます。

　だからこそ彼らは本来，適切な配慮や支援を受ける「権利」を有するのです。しかし，知的障害と気付かれず，困難な生活を余儀なくされ，追いつめられた知的障害者はどうしているのでしょうか。不登校や引きこもりが懸念されるのと同時に，山本（2006）は，犯罪を繰り返す知的障害者について述べています。また厚生労働省の調査（辻井，2019）では，生活困窮者のための「無料低額宿泊所」の利用者の，45％は知的障害の可能性があることが報告されています。滋賀県の看護助手が「うその自白」で殺人の罪を着せられ，2020年に再審で無罪が確定したのは記憶に新しいところです。彼女も，収監中の精神鑑定で軽度の知的障害が判明しました。結果的に，彼女の淋しさ，人恋しさに，つけ込むような形で自白が誘導されたこの事件には，軽度知的障害者の悲しみが詰まっているように思えてなりません。

⑩ 神経発達症群と不登校

- 学力の遅れ
- 人間関係のつまずき（いじめ，中傷，など）
- 行事などでのつまずき（集団行動からはずれる，不器用，など）
- 人前での外傷的な体験（悪口，叱責，恥，など）
- 環境の変化（クラス編成，担任の交代，など）

　軽度の知的障害児にとっては学力の遅れが大きな頭痛の種ですが，それは人間関係にも影響します。些細な失敗や課題を達成できないことが，からかいの対象になったり，小学校も高学年になると，友人同士のコミュニケーションもそれなりに複雑さを増してきますが，それに十分ついていけなかったり。10歳の壁，もしくは小4の壁，という概念がありますが，その壁を乗り越える頃，子どもたちの心はより深く，複雑さを増していきます。この辺りでうまく周りについていけないと，友だちとの間に溝ができてしまったり，自尊感情の低下などにつながったりしやすいようです。また，小さな頃からの軽微な失敗や叱責で，一つ一つは大したことではないように見えても，それが積もり積もって適切に解消されないと，高学年時の最後の一滴が引き金となり，学校生活に耐えきれなくなることもあるようです。

　自閉スペクトラム症やAD/HDなど，ご承知のように，その障害特性から，人間関係や集団生活において困難を生じることがあります。

　ここでも，障害が認知され，本人も適切な告知を受け，周囲がそれに配慮した環境が準備されれば，困難はありつつも適応していきやすいのですが，周辺群の子どもたちに対する障害認知が遅れると，それは本人の自助努力の不足，と見なされ，自己肯定感の低下につながりやすいようです。

　自閉スペクトラム症はその障害特性から，他者と合わせるのが苦手な傾向があります。適応指導教室やフリースペースなどで，自分のペースで生活できることで安定し，学習がはかどる場合もあります。ただ，最初から他者との交流を諦め一人の世界を守りに入る必要もないのではないかと思います。そこが人間の可塑性や，学習能力のなせる技であり，苦手な人間関係でも適度な接触を繰り返すことにより慣れが生じます。また，本来自然発生的に生じる共感に基づく他者理解といった現象も，経験を積み重ねる中で，体験的に学習をし，またそこにある種の論理的な理解も加わり，苦手意識が軽減されることがあります。無闇に「やればできる」というのには反対ですが，本人の特性を理解した上で無理なく挑戦，練習してみることはおおいに応援したいものです。

　この「慣れ」の問題に関して，ストレス理論ではレジリエンス，という概念が用いられることがあります。外的な刺激に対して変形が生じたときに，ある種の復元力が働くことです。例えばある種のウイルス感染が起き，それに対して自己治癒力が働く際に，臓器の働きが十分な場合と，喫煙や飲酒の習慣で，健康ではあってもダメージに対する復元力が低下している場合では，発症の仕方や回復に大きな違いが出てくるでしょう。神経発達症群の子どもたちは，その障害特性ゆえに，普段の生活の中で，何も問題なく普通に暮らしているように見えても，他児以上に気を使い，労力を使い，心労がたまっている場合があります。そうすると，心理的なダメージに対する復元力が低下していて，不登校になるリスクが高いと言えます。心的な復元力を健康に保つためには，全く刺激のない生活を送るというのではなく，かといって過剰な刺激にさらされ続ける生活では疲弊しますので，適度な刺激にさらされながらもそれを適宜解消するような楽しみや，環境を提供するといった工夫が必要でしょう。この適度なというところが難しいのですが，子どもの様子を見ながら調整するしかありません。子ども自身がコメントできればよいのですが，前述のように，それが障害特性として難しい場合も少なくありません。そのときは，誘導尋問にならない程度に子どもの気持ちを斟酌して，「〜じゃない？」と尋ねてあげることも大切でしょう。いずれにしても「程度」をわきまえることが必要でしょう。もちろん普段からの関わりで信頼を構築できていればできているほど，子どもたちは安心して，難しいながらも自分の気持ちを伝えようと努力してくれるようになるものです。

⑪ 周囲の反応

- たかがそれくらいで
- 甘えている
- どうしてなのかわからない
- やればできるのにやらない
- 隠された理由（家庭の養育など）があるのでは？
- etc.

　何らかの神経発達症群が背景に存在するにもかかわらず，それが認められていない場合に，周囲がとりやすい反応です。

〈たかがそれくらいで〉

　前述のように，周囲からはたかがそれくらい，に見えても，本人の中では長年の積み重なりがあり，レジリエンスも低下していれば，些細なことでも心が折れやすくなっています。

〈甘えている〉

　本人は精一杯やっていることが，周りに伝わりません。また，自分に起きていることを言語的にうまく表現することが苦手なので，表現するとすれば非言語的な態度を使うことになりがちです。例えるなら，泣く，拗ねる，駄々をこねる，といった表現です。しかしこれらの表現が年齢相応ではないために，しばしば「甘えている」と捉えられがちです。

〈どうしてなのかわからない〉

　典型的な障害ではなくその周辺群では，何もかもができないわけではありません。ある部分はわかる，できる，にもかかわらず，ある部分ができない。障害特性というフィルターをかけてみるとなるほどと思えるのですが，そうしな

ければ「わからない」ことは少なくありません。

〈やればできるのにやらない〉

　上に述べたように，年齢相応に，場合によってはそれ以上にできる部分もあ
ります。ですから，フィルターなしでみると，「○○ができているんだから，
××もできるはず」と思われやすいのです。そしてそのやらない理由として，
甘え（親の甘やかし）であるとか，教員の指導力不足であるとか，もっともら
しい理由が探されることになります。

〈隠された理由（家庭の養育など）があるのでは？〉

　それはしばしば，家庭に還元されることがあります。いわく，親が甘い，放
任，世話を焼きすぎる，心配しすぎ，過保護，etc. 完璧な子育てなどないよう
に，そう言われればあてはまる，ということも少なくありません。しかし，そ
れで苦しい思いをさせられている保護者が少なくないのも事実です。百歩譲っ
て，家庭での養育が適切ではない部分があるとします。しかしここで必要なの
は，保護者に養育態度を改めてもらうよりも，そこは多少，目をつぶっても，
学校に行くことに負担を感じている子どもを，学校と家庭がどう協力関係を構
築して支えていくかということです。そこから出発することで，家庭と学校と
の信頼関係が築かれなければ，ご家族に耳を傾けていただくことはなかなか難
しいのではないでしょうか。

　不登校に限らず子どもの言動に左記のような気持ちを度々感じるとき，試し
に神経発達症群という「フィルター」をかけて見てみることを提案します。通
常先入観で子どもに接することは非難されますが，むしろそうしてみないと見
えてこないこともあるのです。私たちはある先行する知識に照らし合わせなが
ら現象を見ることで初めて，その意味を理解することができます。そのために
私たちは，先行する知識を学ぶのです。お医者さんは医学的，解剖学的，病理
学的知識を学んでいるので，肺のレントゲン写真を見てそれが健康であるか病
理的であるかが判断できるのです。知識がなければ写真を見てもそこに意味を
読み取ることができません。先入観なく子どもに向き合うと言えば聞こえはよ
いのですが，それでは子どもが表しているメッセージの意味を読み取ることが
できない場合があるのです。

　それでは，家族が気付いていない神経発達症群の兆しに先生方が，気がつか
れたときに，それをどう家族に伝え，共有していけばよいのでしょうか。

12 教員ができること

- 中学ぐらいでは，問題が重なり複雑になるので，小学校低学年～就学前の様子を確認
- 価値判断や評価を保留した観察を
- 日時をある程度明確にした記録を
- できれば第三者に，休み時間・給食・授業中などに，直接児童・生徒をみてもらう
- 第三者のイメージと摺り合わせてみる

　子どもの学年にもよりますが，できるだけ低学年，あるいは就学前の幼稚園や保育園での様子が収集できると役に立つことがあります。神経発達症群の場合は一貫して何か，特徴が目立っていることが多いものです。また小学校高学年以降になると，多くの子どもたちは第二次反抗期に移行していき，ただでさえ，大人の言うことや社会的規範に対して反発しやすくなります。そうすると，周辺群の子どもたちはそれでなくとも障害が認識されにくいのに，より一層，本人の障害特性なのか発達上の変化なのか，見極めが難しくなります。

　そして，違和感を感じる言動に関して，主観や価値判断や評価を保留して，できるだけ事実に即した記録を残します。

　例えば「指示が通らない」という表現には既に，「ある目的のために指示を出しているのに，それに従わないので困ったものだ」というニュアンスが含まれています。同じような現象であってもより主観や評価を取り除くと，「これこれこういう場面，状況において私がこのような指示を出したら，この児童はこのような行動をとった」ということになるかと思います。あるいは，「友だちが嫌がったり，迷惑に感じたりするようなことを平気でする」という表現も，かなり主観的です。客観的に記すならば，「相手の A 君の言動に対して当事者である B 君はこのように反応した」ということです。

　あえて一般化するならば，「〜ができない（しない）」ではなくて，「〜をしない代わりに，○○をしていた」，また，「〜という刺激に対して○○という反応をしていた」ということです。

　「〜できない（しない）」という表現には既に，否定的なニュアンスが含まれます。家族に子どものことを伝えるときに，この否定的なニュアンスが含まれることで家族は，責められるように感じ，防衛的になることがあります。教師の発言は保護者にとって，教師にそのつもりがなくても，責められるようなニュアンスで伝わりやすいものです。モンスターペアレントの中には，このニュアンスに過剰に反応し，その防衛として，攻撃（反撃）的になるケースもあるようです。

　そして，家族に伝える前に一度，スクールカウンセラーやスクールソーシャルワーカーなどの第三者にも子どもの様子をみてもらい，見方を擦り合わせておかれると安心でしょう。

　このような事実（データ）をある程度積み上げた上で，ご家族と会われるとよいと思います。1〜2度では弱いです。誰しもたまたま，先生の指示に従わなかったり，結果的に誰かに不愉快な思いをさせたりするような言動をとることはあるものです。しかしそれが，度重なるところに，神経発達症群の疑いが生じてきます。面倒臭いですが，それがたまたまではなく，頻回に生じていることをご家族に理解していただくためにも，日時まで明確にした上で，事実の積み重ねの記録を残しておくことが大切です。先生としては「しばしば」あると感じていても，家族に対して「しばしば」は，あまり説得力はありません。子どもが親に何かねだるときに，「みんな持ってる」と言っても，そのみんなが周囲のたかだか5〜6人なのか，それともクラスの8割方なのか，幅があります。そこは具体的なエピソードを残しておくことで，説得力を増すのです。

　それから，最近は共働きの家庭も多いですが，必ず会って伝えるようにしてください。電話やメールでは，ニュアンスが誤って伝わったり，それを伝えられたときの保護者の反応を判断しにくくなったりします。

　余裕を持って時間を調整し，できれば第三者に同席してもらい，面談に臨みましょう。

13 家族との連携

- 家族が知らない，普段の学校での様子を，知ってもらう（できれば第三者も一緒に）
- 価値判断や評価を保留して，不思議がる
- 家族の考え，反復を確かめる
- 親としての育てにくさなどについて聞く
- 学校と一緒に取り組んでいきたいので家族の協力を仰ぐ

　第三者とは，教育相談担当教諭，養護教諭，でもよいのですが，スクールカウンセラーやスクールソーシャルワーカーがいれば，そちらの方がより，中立的な雰囲気を伝えられます。もちろん第三者にはあらかじめ子どもについての情報や，面談の意図を伝えておくべきですが，その際，面談において第三者には，より，保護者に寄り添うスタンスで参加してもらいましょう。保護者にとって学校は明らかにアウェイなのです。第三者には，保護者の自我機能を補助するような役割（味方）をとってもらえるとよいでしょう。そうして，第三者は保護者と共に，先生から子どもの学校での様子を教えてもらうような立場が望まれます。

　最初は先生から，穏やかに，学校で起きているエピソードを，あくまで事実として紹介してもらいます。そうしてそれについてすぐに評価をしたり解釈したりするのではなく，先生や第三者は不思議がるとよいでしょう。「なぜ，このようなことが繰り返し起きるのか？」そうしてそれに対して，まずは，保護者の意見を確かめます。すぐに返事は出てこないこともありますので，ここは余裕を持って，保護者に弁明の時間を与えましょう。

　そのときに，「これまでもこのような指摘を受けたことは？」「お家では？」「小さい頃育てていてご苦労されたことは？」などを聞いてみると，話しやすくなることがあるかもしれません。

⑭ 家族の反応

- 「家庭ではそんなことはありません」⇒家庭ではどのように指導しているか聞かせてもらい，学校での指導の参考にする
- 「家庭でも困っています」⇒じゃあどうすればよいか一緒に考えていきましょう
- いずれにしても結論を急がず，来校していただいた労をねぎらい，*継続した関係*につなげる

　典型的な中核群ではなく，微妙な周辺群においては，それを家族が認めるには高いハードルがある場合があります。その際は，障害をテーマにするまでには丁寧に時間をかける必要があります。初期の面談の目標は決して障害を認めさせることではなく，まずは保護者に「問題意識」をもっていただくこと，そして，学校と家族の協力態勢を築くことです。そのためにはできるだけ保護者が話しやすく，安心して主体的に語れるような場・雰囲気づくりが重要です。

　保護者がこれまでも同じような指摘を受けた，あるいは子育てでも困っていた，と言えば，じゃあこれから一緒に力を合わせて，となります。保護者がそんなことはない，と否定すれば，無理に学校での見立てを押し付けるのではなく，むしろ家庭での関わりを教えてもらい，実際に学校でも試してみるとよいでしょう。この場合もあくまで保護者を尊重し，また学校で困ったときにはおいでいただいて，色々教えていただきたい旨，お伝えいただくとよいと思います。もし本当に子どもには障害特性があるのなら，否定される保護者の場合，協力関係を構築するまでには余分な時間と労力が必要です。しかし事を急げば関係は築けませんから，そういう場合こそ腰を据えて，一人の先生が関係を築けなくても，協力関係の構築を次の学年の先生に引き継ぐぐらいの心構えで，よい関係づくりに力を注がれてください。

15 神経発達症群が背景にある場合の対応

- 本人の状態（能力の偏りなど）を適切に把握する(アセスメント)
- 教員〜家族（〜友だち）の理解を調整する
- 本人の状態にあった環境を提供する

　もし本当に，子どもに神経発達症群の特性があるのならば，子どもも保護者も，何らかの形で長期にわたって支援を必要とする可能性があります。そのためには，できるだけ外部の専門機関を勧めます。

　まず，本人の状態を適切に把握することが大切です。この場合の検査は，悪いところを見つけて改善・除去するためのものではありません。本人の得意・不得意を把握して，関わり方を工夫するためです。

　本人の状態が把握できたら周囲で情報を共有します。この中に本人を入れるかどうかは，年齢や状態によっても変わってきます。専門家と相談しながら時期を見て，本人に告知を考える必要も出てきます。本人が自分自身の状態を理解できるようになると，自己肯定感や自尊感情の低下を防ぎやすくなります。また，友だちに対する働きかけもやりやすくなります。

　続いて，本人が何か苦痛や違和感を感じたときに，それを周りにどう伝えるか，などの工夫をしていきます。教室がうるさくて苦痛である，と訴えて相談室や保健室を利用する児童・生徒は少なくありません。彼らの全てとは言いませんが，聴覚過敏による場合も少なくないと考えられます。聴覚過敏用のノイズキャンセラーないしはイヤーマフといった器具も流通しています。また苦痛を感じたらカードで合図をするといった方法がとられることもあります。

　このように，本人の状態を適切に理解した上で，十分な環境調整をすること

ができれば，現在不登校や相談室登校をしている子どもたちの中でも何割か
は，終日ではないにしてもかなりの時間を，教室で過ごすことができるように
なるのではないかと思います。

　またもちろん，学習指導上の工夫や，集団行動上の工夫，教室に入ることが
苦痛にならないような，あるいは多少苦しさはあっても十分耐えうるような環
境整備ができれば，不登校の予防ないしは改善の効果が期待できます。

　また，しばしば，とても指導の巧みな先生がいらっしゃいます。特に小学校
では，終日一人の先生が同じクラスに関わるからでしょうか，明らかに発達障
害の特性がありそうな児童であっても，その特徴を把握し，上手に関わること
で子どもも無理なく集団に適応しているように見えます。しかし，その先生に
指導していただける年月は限られています。さらに中学へ進学すれば必ず，教
科担任制になります。そこで中1ギャップが生じ，不登校になるケースが少な
くないと思われます。それを考えると，たとえ小学校の先生の指導で適応でき
ているとしても，障害特性の兆しが見られるのであれば，将来を見越して，先
生と児童との関係がうまくいっていることをチャンスと考え，外部機関につな
げることで先々の不登校を予防できる可能性もあります。

　『ケーキの切れない非行少年たち』（宮口，2019）という本が話題になり，そ
の中で，認知機能の問題が指摘されていました。同様の課題を抱える不登校児
も少なくないと思います。本書で紹介されていた認知機能トレーニングや，
ヴィジョン・トレーニングなども，検討されてはいかがかと思います。

　学校は6・3・3年でリセットされます。その間も，外部の専門機関につな
がっていれば，継続した支援を受けることができます。発達障害特性のある場
合，社会に出た後に苦労するケースも少なくありません。その場合も，外部機
関につながっていることは支えになります。

　もちろん，だからと言って外部機関に丸投げしておけば事態は改善されるも
のではなく，日々の家庭や学校での関わりが重要であることは論を待ちませ
ん。家庭−学校−外部機関がそれぞれにそれぞれの役割を果たしつつ有機的に
連携することで，神経発達症群の子どもたちの不登校の予防・改善のみなら
ず，生活の支援につながるものと考えます。

16 神経発達症群と カウンセリング

- 二次的障害に対するカウンセリング
- *保護者の不安や抑うつを抱える*
- 一時的な現象に対しては，物理的な環境調整や，日常におけるポイントパフォーマンス
- その際の，役割分担と，連携
- 綱渡りをしながらでも，登校〜卒業することは，成功体験につながる

　発達障害特性自体は，カウンセリングで改善されるわけではありません。では，カウンセリングにはどのような機能や意味があるのでしょうか。

　まず，神経発達症群においては，周りと自分との些細な差異，目に見えて誰にでも容易にわかるような違いではないからこそ，それが苦悩につながります。場合によってはそれを周りから指摘されることで，さらに自尊感情や自己肯定感が低下してしまいます。そのような二次的障害に対して，カウンセリングでじっくり話を聞いて，苦しみを受け止めることが二次的障害の改善につながります。

　神経発達症群の子どもたちの中には，自分の興味関心と周りの子どもたちのそれとの間に乖離が生じ，つまり自分が面白いと思っていることを話しても，それは幼いと周りから馬鹿にされる体験があったり，あるいは特異的な分野に対する興味であるために周りに関心を寄せてもらえなかったりして，自分が聞いてもらいたいことを話せない状態になっていく場合があります。それをカウンセラーに興味深く聞いてもらうだけでも，彼らの心が少しずつ癒されていくことがあります。

　それから，発達障害特性のある子どもを抱えて多くの保護者は多大な苦労を感じています。うつ状態のところで述べたように，この保護者の苦労を受け止めることができれば，その分保護者の心には余裕が生まれます。決して「大丈

夫」とか「そのうち何とかなる」などと安請け合いするのではなく，苦労は苦労として共に向き合うことが期待されます。また，障害特性とそれへの対応については，心理教育的な関わりで保護者の理解が深まれば，その分自然と不安も軽減されます。私たちが不安を感じるのは，多くの場合ある現象が意味していることや，その現象にどう対応してよいのかが「わからない」ときです。それが少しずつでも「わかる」ようになれば，それにともない不安も軽減されるのです。

　しかしそうは言っても，障害特性に由来する問題では，いわゆる神経症のカウンセリングのように，何か困難や問題が生じた場合，次の面接までどうにか辛抱して，次の面接で報告してください，そのときにまた一緒に考えましょうでは解決しないことがしばしばです。日常生活の中で，問題が起きればそのつど対処していかないと，本人も不安定になりますし，スキルの向上にもつながりません。ですから，日常の場面で何か不都合が起きたときに誰がどう介入するかは，あらかじめシミュレーションをしておいた方がよさそうです。家族，教員，教育相談担当者，養護教諭，スクールカウンセラーやスクールソーシャルワーカー，など，与えられた環境の中で，あらかじめ適材適所の役割分担をしておくことで，いざというときスムーズに対応できます。それはどういう職種，担当だからというよりは，関わる人のパーソナリティーを尊重した方が，各人の潜在的な能力を存分に生かすことができます。論理的に筋道を立てて説明するのが上手な人，指導・教えるのが上手な人，情緒的に抱えるのが得意な人，それぞれが得意分野を発揮して抱えていけるとよいと思いますし，その発想は保護者等の抱える環境に対しても，神経発達症群の当事者に対しても同じです。

　また，高等学校においては，欠席日数がかさむと進級の問題が出てきます。実際に留年を経験するケースもあります。しかし，周りのサポートも得ながらとりあえず卒業というゴールにたどり着くことができれば，その達成感は，彼らにとって大きな自信につながるようです。何が何でも卒業にこだわるつもりはありませんが，周りのサポートの息が続き，本人もあながち学校を続ける意欲がないわけではないならば，尺取り虫のように一歩一歩，行けるところまで行ってみよう，でもよいと思います。一歩一歩の積み重ねが結局卒業に結びつくならば，それは次のステップへの大きなバネになるようです。

⑰ 自閉症の3つのタイプ

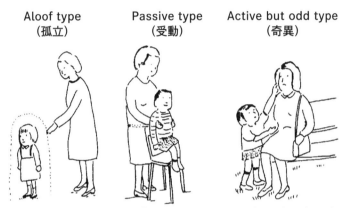

Aloof type
（孤立）　　　**Passive type**
　　　　　　　（受動）　　　**Active but odd type**
　　　　　　　　　　　　　　（奇異）

村田豊久『子ども臨床へのまなざし』（2009）より

　ここまで神経発達症群では，その中核の典型例ではなく，周辺群において見極めが難しく，それが不登校の背景として考えられることを述べてきました。それ以外に自閉スペクトラム症では，タイプによっても見極めが難しくなることに触れておきます。

　通常自閉スペクトラム症で多くの人が連想するのは，孤立タイプです。人との関わりを避け，自分の殻に閉じこもる。話しかけられても拒否的であり，まるで聞こえていないかのような反応をする。自分の要求があるときには一方的に関わりを持ってくる，などです。このようなタイプであれば，多くの人はああ，自閉スペクトラム症の特性があるな，と気がつきます。

　しかし次の受動タイプは，自ら他人に接触しようとすることは少ないけれども，他者からの働きかけには比較的愛想よく応じることができます。そしてしばしば従順で，指示されたことを守ろうとします。質問されれば正直に答えようと努力します。このタイプは意外と気がつかれにくいようです。小学校の先生がこのようなタイプの児童に気づいて，穏やかで気が利く児童にお世話係を頼むと，案外集団にも適応できます。「○○ちゃん次はあれしよう」「○○ちゃん次はあれだよ」と促してくれれば，一見スムーズに過ごすことができます。

しかし中学や高校で，優しく要領よくガイドしてくれる友人がいなくなると，どうしてよいかわからなくなりがちです。しかし自分から他人に助けを求めたり，困り感を訴えたりすることは苦手なので，一人迷い疲れて，学校に行けなくなることがあります。

　また，（積極）奇異型に関しては，友だちと一緒にいることを好み，自らも積極的に働きかけようとする姿勢を見せますので，先生方からは，「自閉症じゃありませんよ」と否定されることもあります。しかし，場の空気が読めなかったり，相手の気持ちを察することが苦手であったりして，実は集団にとけ込めていないことがしばしばです。それでも特定の対象に対して好意を持ち思いが高じると，ストーカーのような表現になる危険性もあります。単にとけ込めないだけではなく，それがトラブルに発展してしまったり，その理由を友だちや先生に理解してもらえず，ひどく傷ついたり，学校に行けなくなったりする場合があります。先入観なく見ると，何か自己中心的で一方的な振る舞いにも見えますが，自閉スペクトラム症というフィルターを通してみると，まさに障害特性が周りとの相互無理解によって齟齬を来していることがわかります。

　元来障害特性として，他者との関わりが苦手な自閉スペクトラム症にとって，集団行動を余儀なくされる学校生活はストレスも多く，不登校のリスクは高いと言えます。しかし，周りの理解と自己理解が充分できていることで適応できているケースは少なくありません。大学という場で見たときに，診断をもって入学してくる学生はおしなべて適応的ですが，診断はされていないにもかかわらず特性を感じる場合，何かと適応に支障を来すことがあります。そういう学生でも診断を受けることで少しずつ落ち着いてくる場合もあります。

　またこれは診断ではありませんが，最近は多くの児童・生徒がゲームをやります。そのときに，周りの友だちがやっているので自分も話の輪に加わるために同じゲームをやる子どもたちと，全く周りの友だちは関係なく純粋にゲームの面白さにのめり込む子どもたちがいます。後者の子どもたちはしばしば珍しいゲームに熱中し，「そのゲーム他にやっている友だちいる？」と尋ねても，「さあ，知りません，僕だけでは？」と返ってくることがあります。それでもオンラインで同好の士とはつながれるので情報交換はしているようですが，それもコミュニケーションを楽しむというよりは純粋に情報収集を目的としています。後者のタイプはどちらかといえば自閉スペクトラム症に親和性があるのかもしれません。

18 神経発達症群
診断の難しさ

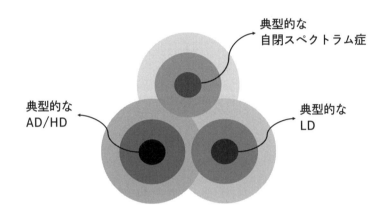

典型的な
自閉スペクトラム症

典型的な
AD/HD

典型的な
LD

　ここまで神経発達症群について，典型例と周辺群という分け方をしてきました。診断基準を見れば，自閉スペクトラム症とAD/HDは異なる状態を表しています。よく同じクラスに自閉スペクトラム症とAD/HDの子どもが両方いると必ずトラブルになると言われたりします。障害特性を考えるとその通りです。しかし実際には，周辺群の子どもたちもいて，周辺群の子どもたちは上図のように重なり合ってきます。そうすると，厳密な診断は自閉スペクトラム症なのかAD/HDなのかという議論は意味をなさなくなります。実際にDSM-5においては，両方の診断を併記できるようになりました。ですから，診断にこだわらずに必要なサポートを工夫できるとよいと思います。また，周辺群と健常者の境目はそれこそスペクトラムなので，グレーです。富士山の裾野が延びていく中で，どこからどこまでは富士山でどこからが富士山ではない土地，と厳密に区分できないのと同じです。また自閉スペクトラム症やAD/HDは，学習の困難をともなうことも少なくないので，目配りが必要でしょう。

　また，神経発達症群に関して，最初に訪れた医療機関では診断が出なかったが，別の機関では診断が下りた，という話を聞くことがあります。インフルエンザのように「陽性−陰性」が明確に出るわけではないので，致し方のないこ

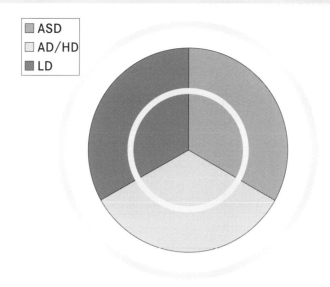

診断の幅

とです。イメージとしては，プロ野球の球審であっても，人によってストライクゾーンが違うような感じでしょうか（野球に興味がない先生ごめんなさい）。ストライクゾーンが狭い球審だと投手は苦労しますが，逆だと打者が苦労します。どちらがよいとか悪いとかいうわけではなく，球審の個性を理解した上で投手も打者も対応せざるを得ません。同様に，典型的な特性が見られなければ診断に慎重（内側の円）な医師もいれば，周辺群と思われる場合でも必要に応じて診断をつけてくださる医師（外側の円）まで幅があるということです。

　もちろん，自閉症なのか AD/HD なのか，という議論の以前にそもそも神経発達症群なのかどうなのか，は気になるところです。「診断が出れば現場でもそのように対応できるのだが」とはよく聞く話です。しかし，たとえ診断が出なくても，上述のようにそこには幅がある，と考え，教育的配慮として色々試してみることで何か効果が出るならば，それは続けるべきです。そしてそのときに，こういう配慮によって本人が落ち着くということが，逆にその特性の存在を示すことになるかもしれません。医療においても診断が微妙なときに，ある薬を出してそれが効果を示せば，事後的にやっぱり，となることもあるそうですから。

「見捨てられ不安」と自閉スペクトラム症

　さて，自閉スペクトラム症（ASD）の受動型にとって，ガイド役の存在の重要性について述べました。就労支援においては「ジョブ・コーチ」が，その役割を任されることになります。受け身型に限らず ASD にとって，このようなガイド役は，様々な場面で重要な対象なのです。

　「見捨てられ不安」というと，専門家の間では，「境界性人格障害（ボーダーライン・パーソナリティ・ディスオーダー）」の特性としてよく知られています。しかし最近，私はこの見解に疑義を抱くようになりました。それは，ASD，特にアスペルガー症候群のような，高機能の ASD の方々にも同様な現象が見られるからです。

　ASD では，ご承知のように，集団での適応を苦手とする方が少なくありません。一対一の人間関係においても，相手の気持ちがわからなかったり，相手からの関わりにうまく反応できなかったりします。それが集団になればなおさら，そこに流れる雰囲気・空気や，暗黙の了解を理解することに困難が生じ，そこでどう自分が振る舞えばよいのか混乱します。

　そこで例えば，あまりその国の言葉が堪能ではない外国に旅行して，現地のツアー・コンダクターの方にガイドしてもらいながらその国を旅していると思ってください。

　そんなときに，突然ツアー・コンダクターの方がいなくなったり，「後は自分で回ってください」と突き放されたりすると，「こんなところで私を一人にしないで，置いていかないで」と，しがみつきたくなるのではないでしょうか。

　同じように，自分が所属する集団の中でどう振る舞ってよいのかいつも困惑している ASD の方にとって，誰か頼りになる対象が自分から離れていくのではないか，という不安は死活的な問題です。ですから，いったんそういう対象に巡り会えたら，絶対に自分を見捨てないで欲しいと思い，しがみつきたくもなるのです。

　しかし，最初は親切心や好意でそういう役割を引き受けていた対象も，少

し気持ちが揺らいだり，重荷に感じたりすることもあります。ASD は認知の特徴として，物事を曖昧に理解することが苦手です。どうしても「黒か白か」の認識に傾きがちです。そうすると，自分から距離をとろうとする対象の心の揺らぎは，まるで「掌返し」の裏切りのように体験されます。

太宰治の代表作『人間失格』（『太宰治全集 9』ちくま文庫，1989）の主人公「葉蔵」は，他人や世間といったものを理解することに終始苦しみます。そうしてそれを一時は「道化」というスキルで，乗り切ろうとします。それも決してうまくはいかないのですが。あの葉蔵の姿には，世間で，対人関係の中で生きにくさを感じながらも精一杯，必死に適応しようとする ASD が重なります。

ASD はしばしば，衝動のコントロールが苦手です。特に自分の思い通りにならないときに，中核的な自閉症の方は「パニック」を起こし，周りにいる人を物理的に攻撃する場合があります。高機能の ASD は，それが対象に向けられる怒りや，攻撃性として表現されます。しかし，高機能であれば一方で，それが決して望ましい振る舞いではないことも理解できます。そうすると知的には，強い自罰的な認識が発生し，自責の念に駆られ，「私なんか生きている価値がない／存在する意味がない」とばかりに，自殺念慮／自殺企図に発展する場合があります。

対象に対する見捨てられ不安，理想化と価値の切り下げ，過剰で衝動的な攻撃性，自己破壊的な言動，もうここまで来れば，「ボーダーライン」という診断は目の前です。

そうして，過剰な薬物療法や，「面倒臭い（厄介な）クライエント」として対処されている ASD は少なくないのではないでしょうか。

ボーダーライン概念がそうであったように，ASD 概念があまりに拡大解釈されてしまうことには慎重にならざるを得ません。しかし一方で，ASD 概念を丹念に精査することで，無用なボーダーライン概念の拡張に歯止めをかけ，精神病理学を構築しなおす時期にさしかかっているのではないでしょうか。

神経症的不登校と
自己愛的不登校

19 神経症的不登校（1）（自我違和的）

> ① はじまり:身体症状などを訴える。明確な原因は見あたらない
> ② 登校意欲:「登校しなければ」と強く思う。行きたい，行かなければと思うが，行けない
> ③ 性格:元々真面目なことが多い。几帳面，がんばりや

　さて，ここまで不登校の背景として，精神疾患と神経発達症群について述べてきました。ここまでは多くの先生方も，そういう児童・生徒はいるよねと，ある程度はご賛同いただけるのではないでしょうか。

　ここからは私のオリジナルな視点を述べていきたいと思います。神経症的－自己愛的という対比で不登校を考える見方は以前，『カウンセリングとは何か[実践編]』（池田，2003）の中でご提案させていただきました。それを少し詳しく論じてみたいと思います。

　最初に神経症的不登校ですが，神経症という病理は，自分自身の身体や行動について，何らかの違和感や苦痛を感じ，誰かに何とかして欲しい，という思いがあります。不登校は昔，学校恐怖症と呼ばれていた時代がありますが，恐怖症は，神経症の一種です。子ども自身の主観的体験においては，「学校に行きたい（行かなければ）」という思いと，「行こうとすると身体が言うことを聞かない」という気持ちと身体との狭間で苦しむことになります。いわば，昔からある，不登校の一つの典型的なパターンです。

　まず，始まりは腹痛や頭痛に代表される，身体症状を訴えることが多いです。強い苦痛を訴えます。しかし受診しても身体的な疾患は認められません。苦痛が強ければ強いほど，大袈裟に，演技的に見えてしまいます。しかし，身体の痛みには限界がありますが，心の痛みには限界がありません。本人が痛み

を訴える以上，とりあえず休むことが容認されます。夕方～夜になると，苦痛も軽減され，明日は登校しようと思います。周りもそれを期待します。しかし，朝になると身体症状が再発するなどの理由で，行けなくなってしまいます。

本人にも周りにも，明確な理由は思い当たりません。ただしここで気をつけていただきたいのは，対象喪失（別離）といった体験です。体験にともなって相応の悲しみや苦痛を味わうことができた子どもは，新しい環境に適応するのに時間がかかる場合もありますが，そのこと自体で周りから何らかのサポートを得ることができます。一方，このような体験をしながらも，周囲の心配をよそに，それを平気で（明るく，元気に），やり過ごせる子どもたちがいます。すると周囲は，この対象喪失（別離）はこの子にとってはもう乗り越えられた，と誤解します。しかし，明るく元気にやり過ごせてしまった子どもたちは，相応のサポートを得ないままに，新しい状況に適応していかざるを得ません。そうして時間差で，学校に行けなくなってしまう，という事態が発生することがあります。このとき家族に伺っても，その対象喪失や別離が遠因になっているとは夢にも考えられず，あの子はとても元気でしたのでそれは違います，と否定されがちです。

神田橋（2007）は，「3歳，4歳ぐらいの外傷体験で一番多いのは，両親の仲が悪いとかそういうことじゃない。一番多い外傷体験は引っ越し」と述べ，それに続いて，神経症の治りやすかった人と治りにくかった人のバックグラウンドの違いとして，幼稚園までに引っ越しが多かった人が治りにくい，という有意差が出たことを紹介しています。

他にも，実は周りは気がつかないところで引き金が引かれている可能性もありますので，気をつけていただければと思います。

このタイプの子どもたちは，おおむね，元々の性格としては真面目ながんばりやさんが多いようです。責任感が強い，几帳面，完璧主義，といった言葉があてはまる場合もあります。このタイプは抑うつパーソナリティにも共通します。「よい子の息切れ型」と呼ばれる子どもたちも，この範疇に入るでしょう。

20 <u>神経症的不登校（2）</u>

> ④ 家庭での様子:学校を休んでいることに罪悪感。引きこもりがち
> ⑤ 家族の対応:登校させようと熱心になる。本人に巻き込まれ，家族も疲労
> ⑥ 周囲の受け止め方:何とかしようと熱心に関わる。本人に対して好意的。助言を受け入れやすい
> ⑦ 経過:葛藤を抱えている場合，長期化することも。完全不登校〜引きこもり〜退行〜反抗などの経過をたどる

　このタイプの子どもたちは，根が真面目で，学校に行かなければ，と考えているわけですから，行けない自分に慚愧たる思いを感じています。そして，学校に行けない自分はダメな人間だ，という罪悪感，自己肯定感の低下が生じやすいのです。平日の昼間学校にも行かず家にいるところを誰かに見られたらどうしよう，と思うと，引きこもりがちになります。完全不登校になりやすいタイプです。

　ここで，「大丈夫，学校行かなくてもなんとかなるから。あなたがやりたいように過ごしていいんだよ」と励ますことが功を奏することもあります。しかし，このとき，子どもが罪悪感を感じたり，自己肯定感の低下を感じるのは，とりもなおさず，子どもが現実に向き合おうとしているからであり，子どもの良心的な部分が正常に働いている証です。その一方で，「学校に行かなければ，勉強に遅れないようにしなければ」という現実から目をそらすことは，心の働きの機能低下です。

　それに対して家族は，もし理由があるのならぜひその理由を知りたい。何かできることがあるのなら言って欲しいのに，と思います。子どもの苦しみをな

んとか取り除いてあげたいと，子どもと一緒にもがき，疲弊します。

　このような親子の状況を見ている周囲もまた，なんとかこの親子に救いの手をさしのべたいと思うでしょう。しかし，周りがいくら努力しても，それがすぐに結果に結びつかず，しばしば無力感につながります。

　つまり，子ども－家族－周囲（教員）が，それぞれに自己効力感の低下を感じ，疲弊している状況です。

　さて，ここまで来ると，だいたい完全不登校と呼ばれる状態になってきます。その状況では，子どもにとってしばらくは休養が必要です。しかし，ここで気をつけていなければならないのは，先ほども述べたような「大丈夫，なんとかなるから，やりたいように」という安易な励ましや放置です。完全不登校という状態を認める，家族にも，教員にも，その状態を承認してもらう。これは大切なことです。しかし，承認することと，放任することとの間には，格段の違いがあるのです。

　承認されたからといって，学校に行けていないことにともなうつらさや無力感からは，誰も解放されるわけではありません。承認しつつもしっかりと，お互いに寄り添い続けることが大切でしょう。ただしここで，例えば親子間の距離が近くなりすぎたり，教員と子どもの距離が近くなりすぎたりすると，それは必要以上にお互いが疲弊し消耗することになります。そういう場合はカウンセラーなどの第三者の介入は有効です。子ども，家族，教員，それぞれ，自分の大変さをカウンセラーにぶつけましょう。そうしたからといって，カウンセラーが魔法で問題を解決してくれるわけではありません。しかし，カウンセラーが話を受け止め，当事者や関係者の苦痛，悲しみを受け止め，共に無力感に浸ってくれるならば，その分，当事者や関係者の苦しい思いは軽減されます。後述しますが，帚木（2017）は，「ヒトは誰も見ていないところでは苦しみに耐えられません。ちゃんと見守っている眼があると，耐えられるものです」と述べていています。

　苦しい現実，悲しい現実から目をそらさずに，耐えていくこと，そうする中で事態はどう改善していくのかを，次に見てみたいと思います。

神経症的不登校の経過

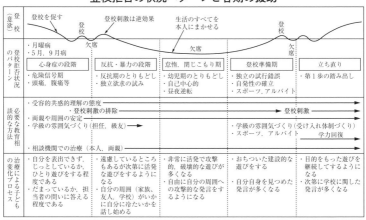

登校拒否の状況パターンと各期の援助

（意欲）登校						
	登校を促す 登校	登校刺激は逆効果	生活のすべてを本人にまかせる		登校	
	欠席		欠席		欠席	
登校拒否状況のパターン	・月曜病 ・5月，9月病 **心身症の段階** ・危険信号期 ・頭痛，腹痛等	**反抗・暴力の段階** ・反抗期のとりもどし ・独立欲求の試み	**怠惰，閉じこもり期** ・幼児期のとりもどし ・自己中心的 ・昼夜逆転	**登校準備期** ・独立の試行錯誤 ・自発性の確立 ・スポーツ，アルバイト	**立ち直り** ・第1歩の踏み出し	
必要な教育相談的な方法	・受容的共感的理解の態度 ・登校刺激の排除 ・両親や周囲の安定 ・学級の雰囲気づくり（担任，級友） ・相談機関での治療（本人，両親）			・学級の雰囲気づくり（受け入れ体制づくり） ・スポーツ，アルバイト	登校刺激 学力回復	
治療による子どもの変化のプロセス	・自分を表出できず，じっとしているか，ひとり遊びをする程度である ・だまっているか，担当者の問いに答える程度である	・遠慮しているところもあるが次第に活発な遊びをするようになる ・自分の周囲（家族，友人，学校）がいかに自分に冷たいかを話し始める	・非常に活発で攻撃的，破壊的な遊びが多くなる ・自由に自分の周囲への攻撃的発言をするようになる	・おちついた建設的な遊びをする ・自分自身を見つめた発言が多くなる	・目的をもった遊びを継続してするようになる ・次第に学校に関した発言が多くなる	

（注）（佐賀市教育センター案を一部修正したもの）　　　　　　「登校拒否児の理解と指導」1981，34頁，福岡市立教育研究所）

村山，1992より

　上図は，村山正治著『カウンセリングと教育』（1992）からの抜粋です。それをアレンジしたものが右上の図です。

　まず，欠席が始まりだしたところで一度，「登校を促す」とあります。実はこれが，不登校の長期化を防ぐ大きな要因と言えます。田嶌（2016）は不登校について「最初の1週間が重要」であり，「家庭訪問や同級生の働きかけ等によってうまく対処できればこじれなくてすんだと考えられる事例が少なくない」と述べています。

　しかし，それではなぜ，「登校刺激をしてはいけない」という言葉が一人歩きしてしまうのでしょう。それは，田嶌が述べているように，カウンセラーや児童精神科医などの専門家が病院や相談室で出会う事例は，長期化した事例であることが多いからです。つまり，病院や相談室で待っている限りでは，この不登校に対する初動で登校できるようになった事例というのは，視界に入ってこなかったのです。病院や相談室で出会う長期化・完全不登校化した事例に対して，専門家が「登校刺激を控えて，少し本人がゆっくりできる環境を整えま

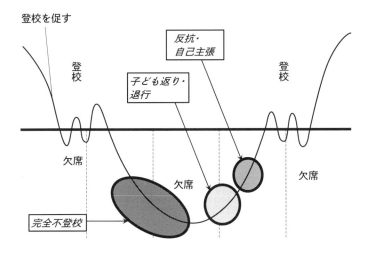

しょう」と言えば，それは状況に即した助言でしょう。しかしそれをそのまま，不登校が始まったばかりの状況にスライドさせてしまい，登校刺激不要論が一人歩きしてしまった背景もあるのではないかと考えられます。

　この，不登校児への家庭訪問については田嶌（2001）にある「節度ある押しつけがましさ」が参考になります。

　さてしかし，全ての事例が初期の介入で登校できるようになるわけではありません。様々な事情により，完全不登校へと移行していくケースがあるのは事実です。その場合にはそれはそれで対応を変えていかなければならないのですが，この，自分が学校に行けないことに違和感を持つ，神経症的不登校では，上記のようなパターンをとることが多いようです。

　完全不登校になり，家庭や学校でその状態を受け入れ，本人が安心できるようになると，しばしば子ども（赤ちゃん）返りが見られます。赤ちゃん用の食器や哺乳瓶で食事をしたがる，おむつを当てる真似を要求する，お母さんのひざの上に座ろうとしたり，胸を触ろうとしたり，べたべたしてくる，お母さんが寝ている横に並んで寝たがる，等々現れ方は様々です。このときの対象はほぼお母さんです。高学年になればなるほど，ご家族としては子どものそのような様子を奇異に感じ，不安に駆られると思うのです。

　しかしそこで，支援する側がこのようなパターンを頭に入れ，そこにいたるプロセスがこのパターンにあてはまるようであれば，保護者の不安を適切に受け止めることができます。そのためにはなぜこのような現象が生じるのかとい

う理解が必要ですが，それはまた後ほど触れることにします。

　さて，ある程度子ども（赤ちゃん）返りの期間を経ると，次は反抗・自己主張の時期を迎えます。これも，最近では様々な情報をパソコンやスマホで収集することができ，その中に，子どもの反抗がエスカレートして，家庭内暴力に発展するケースなどがあると，うちの子どももこんなふうに暴れ出して破壊行動が始まるのではないか，と恐怖におののく場合もあります。しかしこれも，それまでのプロセスがこのパターンにあてはまるようであれば，もちろん100％の保障はできないのですが，おおむね大丈夫であろうと受け止めることができます。

　ただしこのときも，もし何らかのきっかけで不幸にも子どもの破壊的行動が過激化したときの避難方法や，利用できる社会資源などを紹介，共有できると，ご家族の不安を軽減することができます。

　このような経過をたどると，次第に子どもの中に，学校に対する関心が浮かび上がってきます。子ども自身から関心が発せられるならば，基本的には子どもの心の赴くままに対応されてよいと思います。子どもがもし，学校に行ってみたいが不安だ，と迷っているときには，保護者や先生，カウンセラーからの提案も有効でしょう。そのときのコツは，夜間，週末，放課後，等，児童・生徒の気配がしない時分を見計らっていくことも一つでしょう。この辺りは行動療法で用いる系統的脱感作の手法が役に立ちます。学校という場所に慣れてきたら，次は，授業時間ではなく，部活動とか，本人が安心できる時間帯を探してみましょう。

　もちろん，がんばって何時間か学校で過ごしたら，次の日はまた全く行けない，ということもあります。しかし「だから言ったでしょう。まだ完全に治ってないのだから無理しないで。もう少し休んでしっかりよくなってから行きましょう」などという必要はありません。ここは，三歩進んで二歩下がる，の精神で構いません。むしろ，数時間でも行けたならそのことを積極的に評価してください。

　子どもが成長する際には，安心して失敗できる環境が必要です。最初から完璧を求める必要はありません。失敗しながら自分なりのペースや間合い，距離感をつかんでいくのです。それは決して，周りが知識として教えることはできないのです。転んでも諦めずにまた自転車を起こして乗ろうとする精神で行きましょう。「転ばないように，乗り方をもっと学んで，それから乗りなさい」という助言はナンセンスなのです。

22 桟橋理論

- 岸辺近くには沈み瀬（暗礁）が隠れている場合があり，不用意に船を近付けようとすると，瀬に乗り上げ，座礁する危険性
- その場合，沖合に桟橋を延ばし，そこに接岸することで，安全に上陸できる
- 不登校状態から学校に戻る際には，通常見えない暗礁が潜んでいる危険性
- 保健室〜相談室などを桟橋として慎重に上陸を

　そうしてようやく教室に入ろうとする頃，子どもたちはよく，「みんなの視線が気になる」あるいは，「自分のことを笑われているようだ」などと訴えます。「そんなことはない」と，無下に否定する必要はありません。それは大人には見えない暗礁なのです。そこに子どもの不安な気持ちが表れているのです。それでどうしたのか，その不安にどう，子どもなりに対処したのかを聞いてあげて，その子どもの自助努力を認めてあげてください。もし怖くなって教室を離れたのであれば，不安な事態から回避する行動を自発的にとれたことを誉めてあげてください。

　思い出していただきたいのですが，このタイプの子どもたちは元々真面目で責任感があるのです。本当は逃げ出したいのにこんなところで逃げてはいけない，という呪縛が，必要以上に本人を疲弊させ，あるとき突然，身体が言うことを聞かずに，学校へ行けなくなってしまったのです。それを考えれば，不安を感じて自発的に回避できるようになったのは成長です。その次は，じゃあその不安にどう対処していくのかを，一緒に考えてあげてください。

神経症的不登校（3）

> ⑧ 回復：⑦(p.50)のような経過をたどったりたどらなかったりしながら，本人の成長発達と共に，葛藤を乗り越え，回復へ
> ⑨ メカニズム：次頁参照

　後は本人が少しずつ慣れていくことで次第に，教室にいることが苦痛ではなくなってきます。いや，多少の苦痛は残るかもしれません。しかし，それでよいのです。私は，全ての子どもたちが楽しく学校生活を送れる，というのは幻想だと思っています。大人たちだって，楽しく会社に通勤する人たちばかりではありません。むしろ，辛いことや苦しいことがあっても，生きていくため，家族のため，我慢して仕事を続ける人もたくさんいらっしゃいます。少々きつくても，苦しくても，その場に適応して過ごすことができれば，それで御の字です。

　一方，「21　神経症的不登校の経過」のところで，完全不登校→退行→反抗，という流れをご紹介しました。なぜこのような経過がしばしば発生するのでしょうか。それには大切な意味があると考えられます。

　右上の図で説明してあるように，完全不登校の状態では，生きていく，生活していく心的なエネルギーが全般に低下しています。そこで退行することによって，主に母親との距離を縮め，甘えることで，情緒的なエネルギーを補給しようとしているのです。幼児が，親から離れて一人で遊べるようになる時期にしばしば，思い出したように親元に戻って甘えることがあります。甘えるといっても表現は様々で，「お腹空いた」「喉がかわいた」あるいは「あのね〜」と何かを聞いてもらおうとする，様々な様式があります。それは私たち大人でも同様です。疲れたときに誰か依存の対象を見つけ，甘えることで安らぎを得

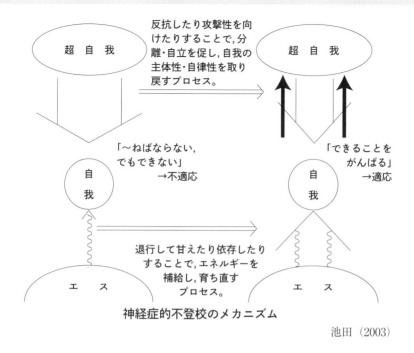

神経症的不登校のメカニズム

池田 (2003)

ることがあります。神経症的不登校では，それが一時的に甘えれば満たされる わけではなく，しばらくの時間を必要とするのです。そうすると，年齢不相応 に，親との心理的距離が縮まってしまいます。それに対して，通常の発達で子 どもが親の庇護から少しずつ心理的に自立していこうとするときに，反抗期が 現れるのと同様に，退行の後には反抗期が現れます。これも子どもにとって は，心理的な距離が過度に近くなってしまった親から，親離れをして再び社会 に適応していく上で適切な距離をとるために必要な現象です。

　以上のように，現象の意味を理解することができれば，親も教師も，いたず らに不安をかき立てられずにすみ，事態を冷静に受け止め，応えることができ るのではないでしょうか。

　もう一つ付け加えるならば，この退行も，反抗も，あくまで子どものペース で進められなければ意味がありません。そこは焦らず子どもの様子をよく見て 対応する必要があります。しかし，このような子どもの変化を受け止める親 は，それはそれでしんどいものです。その親のしんどさを，教師やカウンセ ラーがしっかり受け止めたいところです。とは言っても決して知性化するので はなく，まさにこここそが，共感的な理解が求められるところです。

24 神経症的不登校（4）

⑩ 関わり方のポイント:
・本人が葛藤を乗り越えられるよう〜言葉や
遊びを通じて表現することを支える
・そのためには，休むことも必要
・カウンセリングは親－子，共に有効
・退行や反抗にともなう不安を保護者と共に
抱えながら支える

　このタイプは，親－子，共にカウンセリングが有効です。

　子どものカウンセリングでは，お喋りや遊び，各種表現活動など，本人が無理なく続けられるもので構いません。マンガやゲームの話をしているようでも，注意深く耳を傾けていると，そこに自らの葛藤を無意識に重ね合わせていることも多いようです。そしてこのタイプの子どもたちは，この一定期間の沈み込みから抜け出すと，再び元気に適応していけることが多いようです。前述の抑うつ感が重なっている場合も少なくないかもしれません。

　植物の苗を，早く成長させようとして引っ張っても，ちぎれてしまいます。水や肥料をやりすぎると，根腐れしてしまいます。植物の生長には光が必要だと，一晩中光を与えていても，決して苗にプラスではありません（昼間光を浴びて光合成によって合成した炭水化物を，夜の闇の中で分解をし，成長に当てているのです）。肥料を与えるときには根に直接当たらないよう株から離して施すように，「あなたのためにこんなにしてあげているのに」と恩着せがましく言うよりは，子どもがそれと気がつかないように，離れたところでそっと気を遣う，そんな愛情の在り方の方が効果的かもしれません。引きこもっているだけのように見える間も，子どもはそれまでの体験を心の中で消化分解して，心の成長に役立てようとしているのかもしれません。

　親のカウンセリングも重要です。といっても最近は共働きの家庭も増え，親のカウンセリングの時間をコンスタントに確保することが難しいケースもあります。しかし，親が無理をしてでも時間を作ってカウンセリングに来るケースは，改善する確率が高いように思います。

　親は当然ですが，学校に行けない子どもの状態を心配しています。これは自然なことです。「親があまり心配しないで，大きな気持ちで，太陽のように～」という助言は，あまりよい働きをしないことが多いようです。親が子どもを心配するのは当然であり，心配することにはそれだけエネルギーが消費されます。しかしこの心配エネルギーが子どもに直接向けられると，子どもはますます追いつめられたり，その親の心配に応えられない自分に，さらに自尊感情が低下したりします。一方この，親の心配エネルギーは，子どもが親に何かの期待を向けてきたときに，それに応えるエネルギーにもなります。甘えたり依存したり反抗したり，それを受け止めるエネルギーにもなります。このエネルギーを殺してしまうことはお勧めしません。そこで，カウンセラー等の第三者に，子どもに向きがちな心配エネルギーをぶつけられるとよいのです。親に対する共感的理解とは，親の視点で親の心配や不安に，共振れすることでもあるのです。エネルギー保存の法則と同様に，一方の振動が他方に伝われば，元の振動は小さくなるのです。

　実は，子どもはカウンセリングに来ても，そう簡単にカウンセラーに自らの不安や心配を投げかけることは多くはありません。むしろ，子どもの心配や不安を日々受け止めているのは家族なのです。しかし家族にも限界があります。子どもの揺れる心を受け止めた結果，親の心の振動が激しくなると，親自身が自分を保てなくなります。そのときその振動を子どもに戻してしまえば子どもはさらに揺れが激しくなりますが，カウンセラーに渡してしまえば，親の振動は小さくなり，そこに，日々の生活の中で子どもの振動を受け入れる余地が生まれてくるのです。

　カウンセラーは親から譲り受けたその振動をどうするのか？　もちろん親に戻すようなことはせず，それを巧みに自分で処理をする，そこがカウンセラーのカウンセラーたるゆえんなのではないでしょうか。

25 「ガソリン」と「バッテリー」

- 心のメンテナンスを考えるときに，「ガソリン」と「バッテリー」と二つのメカニズムが重要
- 「ガソリン」：スタンドでガソリンを補給するように，休養したり，情緒的に甘えたりすることで心のエネルギーを補給
- 「バッテリー」：エンジン性能が十分発揮される速さで気持ちよく走ることでバッテリーが充電されるように，自分の能力が十分発揮されるような活動で好きなことをやる（「遊び」など）とき，心のバッテリーも充電される

　さて，前頁で神経症的不登校にはカウンセリングが有効であると述べました。しかし，子どものカウンセリングにおいてそこでテーマになるのは，子どもの心理的葛藤，等ではなく，マンガやゲームなどの他愛もないことです。それがなぜ大事なのか，前頁でも述べましたがもう少し別の視点から考えてみましょう。

　自動車が走行するためにはガソリンが必要です。しかし忘れがちですが，特にエンジンをかける際には，バッテリーが重要な役目を果たしています。ここまで述べてきたような，完全不登校〜子ども（赤ちゃん）返りをして親に甘えるプロセスは，さしずめ自動車がエンジンを停止させてガソリンを補給するように，愛着理論で言うところの，親を安全基地として利用して，情緒的なエネルギーを補給している状態と考えられます。

　しかし，いくらガソリンが満タンになったからといって，バッテリーが低下していると，うまくエンジンがかかりません。バッテリーはどうして充電されるのでしょうか。それは自動車が適正な速度で走っているときです。この，自動車が気持ちよく走っているようなイメージで，子どもたちが気持ちよく，楽

しく自分の好きなことに没頭できると，そこで心のバッテリーも充電されて，始動のエンジンもかかりやすくなるようです。それは大人であっても，休日に自分の好きなことに没頭して心のバッテリーが充電できれば，休日明けには気持ちよく出勤できるのと同様です。

　カウンセリングのそのような側面を考えると，無心に楽しめる遊びの重要性もおわかりいただけるのではないでしょうか。

　無心になって気持ちよく遊べることが重要なら，それは一人遊びでも同じことなのでしょうか。一人で何かに没頭して達成感を感じられるならば，それも悪くはないと思います。しかしカウンセリングに一日の長があるとすれば，そこでは，自分の好きなことを喋ったり遊んだりすることを誰かに受け止めてもらえる，そのことによって暗黙のうちに承認が得られる，ということでしょう。他者の承認は実はカウンセリングにおいては微妙な問題なのですが，自信を失っている子どもたちが現実に再適応していく背中を後押しする意味では，重要な働きをするように思います。またもちろんカウンセラーという他者との交流の中で，自分の失敗が受け入れられるとか，ソーシャルスキルの練習になるとか，色々な側面があると考えられます。

　それから以前にも少し触れましたが，現代，子どもたちが一人で遊ぶ際，どうしてもソーシャルゲームなどの誘惑が避けられません。ソーシャルゲームなどは，一見子どもが主体的に取り組んでいるようで，実はゲームの作り手から巧みにコントロールされ，操られかねません。アルコール依存や薬物依存が，意識的な努力だけでは改善されにくいように，ゲーム依存も子ども自身の意識レベルの問題ではなくなってしまいます。ゲーム依存か依存ではないかの境目は曖昧であり，少なくとも不登校児の場合，ゲームが現実逃避の役割を果たしてしまうことが少なくありません。後ほどまた述べますが，現実逃避することは不登校を長引かせることにつながります。現実逃避している間は一見「元気」に見えますが，ゲームを取り上げられて現実に向き合わざるを得なくなったときに攻撃的になるのは，限りなく依存症に近づいていると考えてください。ゲームに依存して現実から逃避し，偽りの元気な状態でいるよりも，現実に向き合って落ち込んでいる方が，より健康な心の状態であると認識してください。

26 「自転車操業」と「心の羊羹」

- 自転車はゆっくりでもこぎ続ければ倒れない。（こぐのを止めると， ⇒ 倒れる）
- 抑うつパーソナリティは特に，休養することで抑うつを招きかねない。（自尊心，自己肯定感の低下）
  A.ストー『心理面接の教科書』（創元社，2015）
- 大人が正論を強調し過ぎたり，子どもが大人に甘えられなかったりするとき，心の羊羹は供給されない
- 心の羊羹を提供するとは，不安や負担，負荷を取り除くことではなく，ゆっくりでも倒れず，こぎ続けていることを認め，誉めること

　見た目の元気さに，私たちは幻惑されやすい傾向にあります。今にも倒れそうな様子で登校されると，無理しないでゆっくり休んだら，と言いたくなります。学校を休んでいても家で元気そうにゲームに興じていると，むしろホッとします。しかし前述のように，それは偽りの元気さと呼んでもよい場合もあります。案外子どもたちはタフな面も持ち，倒れそうでも来続けることが，その子どもの自信につながることもあります。

　A．ストーはイギリスの臨床家ですが，「抑うつパーソナリティは特に，休養することで抑うつを招きかねない」と述べています（ストー，吉田監訳，佐藤訳，2015）。主に大人の抑うつの患者についてですが，患者が家で休みたいと言ってもめったに支持しないとも述べています。これは子どもについてもあてはまることです。休むことでむしろ，自分の無力感，自分は必要とされていないのではないか，という気持ちが増強されてしまいます。その結果，急激に落ち込みが激しくなります。結果から見ると，ほらやっぱりこんなに元気がなくなって，今まで相当無理していたんだから，ここで休んだのは正解だった，と思われがちなのですが，実は「休む」という行為自体が抑うつに拍車をかけてしまっているのかもしれないのです。

　もちろんだからと言って倒れそうになりながらも登校し続けている子どもに「がんばれ」というのは酷なことです。登校する以上はやるべきことをやれ，やるべきことができないのであれば，しっかり休め，というのは正論ですが，それは倒れそうな子どもにとってプレッシャーです。登校するというラインを保持しながらも，そこで失敗したり，周りに甘えたり，ということができるなら，それは子どもにとっての心のエネルギーになるでしょう。甘い物はカロリーが高いので，エネルギーに変換されやすいのです。倒れそうな子どもは少し甘やかしてもらえると，心のエネルギーに変えることができます。

　それだけきつそうにしている子どもは，何かそれなりの不安や負担，負荷を感じているに違いありません。登校すること自体が相当な負荷になっている場合もあります。いじめであるとかの，明らかに害を及ぼす負荷は速やかに取り除かれるべきです。しかし，私たちが生きていく上では，ある程度の負荷を避けられないのも事実です。そうであるならば，そのような負荷に対しては，安易に取り除くよりも，その負荷に押しつぶされそうになりながらも何とか必死で頑張っている子どもを応援し，時には甘い物でも提供して心の成長を見守ってもよいと思います。

　「自転車操業」というのは一般的にはよい意味で使われる言葉ではありませんが，不登校の子どもたちにとって，その日一日一日を何とか乗り切ることには大きな意味があります。そうしてこぎ続けていればとりあえず倒れないでいられます。周りからの応援も受けながら，どうにか１年，２年と，前述のように，綱渡りの綱を渡りきったとき，それは本人にとって代え難い大きな自信になるのです。それを見ている周りはハラハラドキドキで，自分が代わってやれることならと思いつつ，それができないもどかしさに，もう途中で降りて戻っておいで，とも言いたくなってしまいます。しかしそれを，手に汗握りながら見守り続ける，これは，後でご紹介する「ネガティブ・ケイパビリティ」にもつながる姿勢でしょう。

　もちろんその周囲を支える専門家の役割は大切ですし，本当にストップをかけた方がよい場合も出てきます。「誉める」ことにも両面あり，誉められることで，その期待に応えようと無理をしてしまい，状態が悪化するのではないか，確かにそのリスクもあります。そこはじっくり専門家と相談をし，判断をしていただければと思います。

27 自己愛的不登校（1）（自我親和的）

① **はじまり:**身体的不調を訴えることも少なくないが, 登校刺激で行けることも
② **登校意欲:**全くないわけではないが, 強い意欲も感じられない
③ **性格:**マイペース。「〜ねばならない」より「〜したい」
④ **家庭での様子:**罪悪感弱く, 放課後や休日には友人と遊べる

　さて, ここまでお伝えしてきた不登校の姿は, 従来から知られているものであり, 相談を勧めると積極的に利用され, 対応していると手応えも感じられるものでした。

　しかし, 最近はそういう不登校ばかりではない, と感じている先生方も多いのではないでしょうか。その特徴は, 学校に行けていないという状態に自分であまり違和感を感じていないかのように見えるタイプです。一種の怠学傾向にも見えるのですが, 家庭の養育機能が低下していて, そもそも学校には毎日行くものだ, というルールが前提として働いていないようなケースは, ここでは分けて考えたいと思います。そのようなケースは, スクールソーシャルワーカー等による家庭調整を重ねることが必要だと考えられます。

　ここで考える自己愛的不登校とは, 始まりは体調の不良を訴えるなど, 神経症的不登校に似ています。しかしこちらの方が, 深刻度は軽く見えます。少し無理をすれば登校できる場合もあります。しかし, それで適応していけるかというと, 五月雨登校のように, 行ったり行かなかったり, ということが繰り返されます。全く行けないというよりは, 行事や実技など, 本人が楽しみにしている授業は何事もなかったかのように出席したり, そうかと思うと本人が苦手にしていると思われる授業があるときには休みたがったりなど, あたかも自分

で行く－行かないを選択しているように見えます。

　家族が勧めても行き渋りますが，先生が迎えに来ると渋々登校する場合もあります。中には，先生が何かの事情で迎えに来られなかったり，あるいは時間に遅れたりすると，「先生が来ないから（遅れたから）行かない」などと，先生のせいにされることもあります。

　このタイプの子どもは，元々の性格がマイペースな感じで，神経症的不登校児のような几帳面さとか，完全主義的なところはあまり目立ちません。表には出さない，あるいは本人も意識していないところで，失敗することへの強い不安を抱えていることもあります。一見楽天的に見えることもあるかもしれませんが，一種の防衛であり，偽りの姿と言ってもよいかもしれません。また上記に見られるように，責任感が弱く，他罰的になりがちです。「甘え」「自分勝手」「わがまま」そういった評価をされがちであり，表面的な行動からは，そう言われても仕方がないように見えることもあります。

　学校を休んでいても，それほど強い罪悪感を感じているようには見えません。周りからどう見られるかに構わず，放課後や休日には友人と遊ぶ姿も見られます。家庭内でも深刻な引きこもりになるわけでもなく，学校に行けばそれなりに生活できるので，問題はただ，学校に行かないことだけ，に見えます。「登校さえすれば何も問題はないのに」と言われがちです。また家族に対しても，「お母さん（お父さん）が○○してくれないので行かない」といったように，他罰的に他人を責める言動が目立つこともあります。

　神経症的な不登校の子どもたちはどこか，病理的なものを感じさせるのに対して，自己愛的不登校の子どもたちは，心理的な悩みを抱えているようには見えません。精神的には健康であるとしか思えないので厳しく言うと，それでうまくいくときもあれば，そうでないときもあります。一時的にうまくいっても長続きしない，あるいは，神経症的な不登校のように，内にこもる形で大崩れする，というよりは，案外言いたいことを言っているようにも見えます。自分を正当化する理屈を述べることもあり，周囲からは共感されにくいことがあります。

28　自己愛的不登校（2）

⑤ 家族の対応:あまり深刻さが感じられず，巻き込まれず，距離を感じる。どこかすれ違う

⑥ 周囲の受け止め方:「甘えている」「さぼっている」「家族が甘い」と言われ，ぎくしゃく

⑦ 経過:深刻そうには見えず，だらだらと遷延化

⑧ 回復:熱心な第三者に引っ張られるが，特定の第三者がいなくなると，元に戻りやすい

　前頁で述べたようなことから，学校に行けていないことに対して家族も，神経症的不登校ほどの深刻さを感じていないように見えます。また子どもの苦悩に巻き込まれる，ということもあまり見られません。もちろん心配をされていないわけではないのですが，先生からカウンセリングを勧められて，何度か来られても，どこか「お義理」で来られているような感じがしたり，親としての「困り感」のようなものがあまり伝わってこなかったり，カウンセリングを積極的に利用して，何とかしよう，聞いてもらえるなら何でも聞いてもらおう，というような意欲は感じられません。むしろどこか受け身的で，「本人が行く気にならないとどうしようもないので……」と，諦めにも似た思いが伝わってきます。そして，すぐにどうすればよいと対応策が見出せるわけでもないとわかると，短期間で来られなくなることが多いです。

　一方，本人が登校したときに残した絵画や作文から，何かのメッセージを感じることもあり，家族と共有しようとしても，「この子が考えることはよくわかりません」という感じで，なにか親子の間での距離，もしくはすれ違いを感じることがあります。微妙に違う方向を向いている，そんな感じが漂うこともあります。

　先生方は，家庭が放任しているから，親が甘やかしているから，という感じ

で，親に対してもマイナスの印象を抱きがちです。しかしそこが危ないところ
です。親を呼んで話をしても，先生の方はそんなつもりではないのに，親は
「先生から説教をされた，責められた」など，被害的に受け取りがちです。そ
してそれはしばしば子どもに「あなたのせいで学校に呼ばれて怒られた」とい
う感じで向けられがちです。そうすると子どもは，「先生が親に余計なこと言
うから……」と，子ども－親－教員間での信頼関係がとても不安定なものにな
りかねません。そうなってくるとますます子どもは，先生が余計なことを言う
から学校に行きたくない，等と，自分のことは棚に上げて他人のせいにしがち
になります。

　しかし，完全不登校～引きこもりがちになっても，子ども（赤ちゃん）返り
するようなこともなく，ソーシャルゲームにはまり，ゲームをしている間は機
嫌がよい状態が続く，等の傾向があります。ゲームでなくてもよいのですが，
自分が好きなことをしている間は，現実からも逃避でき，比較的機嫌のよい状
態が保持されます。そうすると，最初は五月雨登校であったものが，長期化遷
延化することになります。小学校の高学年から始まり，中学，そして高校まで
持ち越されるケースも少なくありません。好きなことをやっているときは機嫌
がよいので，家族もそこまで深刻に心配をしないのかもしれませんが，介入の
時期を逃すと長引きこじれやすいと言えます。

　このようなタイプが学校に戻るきっかけの一つは，熱心な先生との出会いで
す。労を厭わず週に一回程度の家庭訪問を続け，自分の思いは控えて子どもの
世界に付き合ってくれる先生です。子どもの好きなマンガやゲームの世界に一
緒に浸ってくれて，共有してくれる存在です。そういう先生（もしくはカウン
セラー，ソーシャルワーカーなどの第三者）に出会えると，少しずつ心を開
き，心を許し，この先生が言うのだったら学校行ってやろうかな，くらいの感
じで戻れることがあります。なにしろ普段から家では元気にしているので，学
校でも何事もなかったかのように振る舞います。

　しかし気をつけないといけないのは，それが本当の回復でない場合があると
いうことです。年度替わりで，不登校は改善したと申し送り，新年度に新しい
担当が引き継ぐと，再発することがあります。親からも子どもからも「去年の
先生はよくしてくれたのに」などと言われることもあります。

　新しい担任の立場からすると理不尽なことを言われたように聞こえるでしょ
うが，そういう場合は，一体何が起きているのか，そのメカニズムを考えてみ
ることをお勧めします。

㉙ 自己愛と共感不全

- 共感不全による，自我の形成不全
- 未熟な核を守るための防衛としての仮の自分(張りぼて)
- 虚栄的な仮の自分の自己主張によって周囲の共感不全〜辟易感
- 「誰もわかってくれない」〜自己愛の傷つき〜引きこもり(抑うつ)

　ところで，なぜここで自己愛の概念を持ちだしたのかを説明します。自己愛という概念は様々な使われ方をする概念です。ここでは H. コフート（水野・笠原監訳，1994；本城・笠原監訳，1995a，1995b）の自己愛概念を念頭に置いています。コフートは，乳幼児期の発達においては養育者の共感的な関わりが必要であると指摘し，ほどよい共感的関わりが得られれば，自己愛が向上心に発展するような，健全な自己愛の発達過程があることを提唱しました。一方それが十分得られないと，心の健康な発達に差し障りが生まれ，未熟さを防衛するため，尊大さに代表されるような病的な「誇大自己」が形成され，自己愛パーソナリティ障害に発展すると考えられています。

　これまでお話ししてきた不登校に重ね合わせると，彼らは，発達の過程において必要な共感的関わりを，十分得ることができなかったのではないかと推測されます。このことは，彼らの保護者と面接するときに感じる違和感と一致します。また，彼らがしばしば見せる他罰性の背景には，不適切な「尊大さ」を感じさせられます。尊大に見える一方で，案外打たれ弱いところがあり，彼らの尊大さは年齢相応に成熟した自我機能に裏付けられていないことが想像されます。恐らく，本来は自我が年齢不相応に未熟で弱いために，尊大に見える仮の自分の殻を作り，自我が傷つかないように守ろうとしているのではないかと

　思います。発達過程で適度な共感的関わりを得ることができ，自我機能も成熟していれば，人前での失敗など多少外傷的な出来事があっても，そこから回復するレジリエンスや，さらに成長しようとする向上心が働きます。しかしその自我の強さが育っていないために，失敗を恐れ，些細な指摘を侮辱されたと被害的に受け止めやすく，他罰的な怒りが生じやすいのだと考えられます。

　一見落ち込みやすく傷つきやすいため，教員などの支援する立場にあれば，「何とかしてあげたい」と，同情にも似た気持ちをかき立てられやすいのです。しかし，関わるにつれ，その弱さを防御しようとする尊大さや，被害者意識の強さ，他罰的な攻撃性などが目につくようになると，「これだけ熱心に支えてあげているのに」と，段々うんざり（辟易）としてくるのです。そしてこのことは，彼が発達の途中で，周りの人から共感を得たいと思っても得られなかった，つまり自分に対する周囲の共感不全，という関係を再現し，反復することになるのです。

　この関係が再現（私たちが共感不全な支援者となる）されると彼は再び，傷つき，現実の生活や対人関係から引きこもることになります。しかし，神経症的不登校のように深刻な引きこもりにはなりません。なぜでしょうか。それは，神経症的不登校というのは，それなりに自我が発達しているため，現実に直面し，その中でうまくいかない自分を内省し，落ち込むことができるている状態です。十分な共感が得られず自我が未成熟な自己愛タイプでは，そこまで現実に向き合い内省する力が育っていません。自我の弱さを防御する尊大さや，他罰的な怒りなどは，現実に直面することを回避する傾向と，ウラ‐オモテの関係にあります。自分の弱さや未熟さに目を向けない以上，神経症的不登校のように，深刻に落ち込み，引きこもらずにすむのです。ですから，自我の成熟という観点からすれば遙かに，こちらの方が病理は深いのです。

　しっかり落ち込むことができるのは，いわば健全な成熟の証でもあるのです。そう考えたときに私たちはもう一度，不登校の児童・生徒を支援するとはどういうことなのかを，考え直す必要があるのではないでしょうか。

30 不登校児の支援の目標とは？

① 学校には行けていないけれども，明るく元気に過ごせている状態。不安や葛藤は感じられない

② 学校には行けてはいるけれども，暗く元気がない状態。不安や葛藤を抱えていることが推測される

　さて，ここで質問です。今，上に，不登校児の支援の目標とは？　として，2つの相反する立場の考えを並べてみました。

　みなさんはどちらを目指しますか？

　恐らく，①を選ばれる方が少なくないのではないかと思います。私自身これまで，①のような意見を数多く聞いてきました。しかし，本当でしょうか。いったん完全不登校になり，強く引きこもり，罪悪感で抑うつも激しかった子どもが，①のような状態になる，ということは，わかります。しかしそれはあくまで結果として，あるプロセスの中で一時的にそういう状態になる，ということだと思います。

　それに対して②の状態が続くと，周囲は心配し，元気になるまで少し休んだら？　と思ったり，現に伝えたりすることもあります。しかし，先に述べたように，顔色が悪く暗い表情であっても，仕事に向かう大人は大勢いるのです。子どもだからといって24時間365日，天真爛漫に明るく過ごせるわけではありません。もちろん大人が子どもにそうあって欲しい，と願うのは自由です。しかしその大人の願いを，子どもに押し付ける必要はありません。もちろん②のような状態のときに心配をして声をかけたり，何か配慮できることがないか一緒に考えてあげたりすることは大切です。しかし，必ずしも明るく元気ではなくても，必死で毎日生活して適応しようとしていることを認め，賞賛してあげ

ていただきたいと思います。

　少し理屈っぽい話になりますが，未熟な心理状態で，現実に向き合うことができず，現実から目をそらして元気で明るく振る舞うことを「躁的防衛（マニックディフェンス）」と呼びます。成熟した健康な大人であっても，心で持ちこたえることが難しい過度の負荷がかかり，一時的に現実を受け止めきれずにこのような状態になることもあります。

　精神分析のクライン学派では，そのように，現実を受け入れず躁的防衛にある心の状態よりも，現実に向き合い，現実のままならなさを受け入れ，認め，悲しみ，苦しみ，落ち込める心の状態を，より成熟した状態「抑うつ（デプレッシヴ）ポジション」と考えます。

　子どもたちの悲しそうな，苦しそうな姿を見ることは，大人にとって辛いことです。そこで，実は大人の方が，この辛い現実を受け止めることができず，自分自身の心の痛みを和らげるために，対象である子どもに，早く明るく元気になって欲しい，と期待してしまうこともあるようです。「お母さんに悲しい思いをさせたくない」と，自分の心の中の悲しみに封印をし，明るく気丈に振る舞う子どもの話は，カウンセリングをしていると枚挙にいとまがありません。このような，大人からの「明るく元気に」の期待に応えようとして苦しんでいる子どもたちが，大勢いることを知っていただきたいと思います。

　私たちは，大人も子どもも，この「明るく元気」なことがよいことなのだという幻想に，縛られすぎているのではないでしょうか。子ども向けのアニメでも，大人向けのドラマでも，辛いことにもめげず明るく元気に生きていくヒーロー，ヒロインが，いつの時代ももてはやされます。フィクションの世界のヒーロー，ヒロインに励まされることには何も問題はありませんが，自分自身や子どもたちにも，その理想の枠組みを嵌めてみてしまうことからは，もう少し自由になってもよいのではないかと思います。たとえ子どもであろうと，「鬱々と生きる」ことを大人が認める勇気を持ってもよいのではないでしょうか。

31 自己愛的不登校（3）

> ⑨ メカニズム:次頁図参照
> ⑩ 関わり方のポイント:
> ・本人の傷つきやすさをどこかで関知しながら関わる
> ・偽らずに, genuinenessな態度で
> ・本人のチャンネルを大事に
> ・よい循環が起きているときに家族を巻き込む
> ・相談室にこだわらず柔軟に家庭訪問など

　自己愛的不登校児の方が，神経症的不登校児よりも問題の根が深いのではないか，しっかり落ち込めないところがむしろ，問題なのではないか，という点を見てきました。ここまでの自己愛的不登校の心のメカニズムを簡略に図式化したのが右上の図です。ここまで来たならば，次は，ではどう対応したらよいのかということです。メカニズムについて長々と述べてきたのは，先述のような，支援者が段々うんざり（辟易）としてくることが，支援の大きな妨げになるので，まずそのことを知っておいて欲しいと思ったからです。このメカニズムを理解し，現実に子どもと対応しているときにこのメカニズムを思い出していただければ，そして，「ああ，このことか」と腑に落ちれば，そのときのイライラは，少しは軽減されると思うのです。くれぐれも誤解しないでいただきたいのは，うんざり・イライラしないで付き合ってください，受け入れてあげてください，というのではないのです。私たちがうんざり・イライラするということは，本気でこのような子どもたちに向き合っている証でもあるのですから。その上でこのメカニズムを思い出していただければ，このような子どもたちを，仮に一時的には突き放したくなったとしても，やっぱりもう少し付き合ってみよう，と思い直す契機になると思うからです。

　彼らの尊大さや他罰的な態度は，これまで多くの大人を，共感不全にさせて

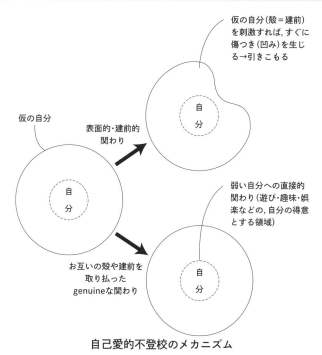

仮の自分（殻＝建前）
を刺激すれば，すぐに
傷つき（凹み）を生じ
る→引きこもる

仮の自分

表面的・建前的
関わり

弱い自分への直接的
関わり（遊び・趣味・娯
楽などの，自分の得意
とする領域）

お互いの殻や建前を
取り払った
genuineな関わり

自分

自分

自分

自己愛的不登校のメカニズム

（池田，2003）

きているのかもしれません。そうだとすればたやすく共感はできないのです
が，その上で，このたやすい共感を許さない関係における苦悩をこそ，少しで
も感じてあげられればと思うのです。

　それは決して悪意からではなく，彼らの乳幼児期の主要な対人関係で起きて
いたことが，無意識に繰り返されているだけなのかもしれません。そう考えれ
ば彼らには罪はないのです。励まし，共感的に関わって欲しいときに，そうし
てもらえず，かえって共感不全な対応をされてきたのだとしたら，辛かっただ
ろうね，と。コフートは，一人では内省することが困難な自己愛パーソナリ
ティの治療においては，治療者がクライエントの内界に治療者自身を投げ入
れ，クライエントの代わりに内省するような共感が必要であると述べています。

　しかし，親がそうであるように，子どもたちもなかなかカウンセリングが続
きません。おもちゃやゲームのたくさんある外来相談室や，「遊ぶ」ことに理
解のある学校のスクールカウンセラーなら，それなりに継続するようですが，
なかなか先には進展しにくいようです。ですから，先ほど述べたような，コン
スタントな「節度ある押しつけがまし」い，家庭訪問が功を奏するのです。

自己愛と純粋性（genuineness）

　佐賀県に，スチューデント・サポート・フェイスという，引きこもりの支援をする NPO 法人があります。NHK で何度か紹介をされたので，ご存じの方も多いと思います。TV では主に代表の谷口氏が，実際に子どもと関わる姿が放映されました（NHK プロフェッショナル仕事の流儀「子ども・若者訪問支援・谷口仁史」）。そこで私が強く感じたのは，氏の，genuineness です。これは，C.R. ロジャースのカウンセリングの三条件で，最初に提示される条件です。「純粋性」と訳されることが多いようです。子どもと遊んでいるときの谷口氏の姿は，まさに無心であるように見えます。

　TV では，氏が子どもに会う前に，入念に子どものプロフィール資料に目を通す姿が描かれます。しかし，それで筋書きを書くようなことはされていないのではないかと推察します。子どもの特性を一度自分の中に落とし込んだら，実際に子どもに向き合うときにはそのことは全て忘れて，無心に向き合っているのではないかと思います。

　ハリウッドのスターである，トム・クルーズが演技について面白いことを語っていました（NHK トム・クルーズ自らを語る〜アクターズ・スタジオ・インタビュー〜，2003）。「僕はどんな映画を撮る前にも，たくさんのリサーチを行う。自然な演技が出るようにね。その境地に達すると，計算は消え去ってしまう。」彼に言わせると，演技とは自然に生まれてくるものなのだそうです。ここには一つの重要な逆説があります。自然な演技を生み出すためにたくさんのリサーチ，仕込みが必要なのです。普通は，多くの仕込みは，それに基づいて綿密に計画を立て，その通りに物事を進めていくためだと思いがちですが，違うのです。クライン学派の精神分析家 W.R. ビオン（1970，福本・平井訳，2002）は，クライエントに会う心構えとして次のように述べます。「記憶なく，欲望なく，理解なく」実に深い言葉です。

　今述べた，谷口氏，ロジャース，トム・クルーズ，ビオン，彼らは，表現こそ違え，私たちが人と関わるときのとても大切なことについて述べてくれているように思えてなりません。

　自己愛的不登校に戻ると，私は矛盾したことを述べています。彼らが大人の共感不全によって不安にさせられ，自己防衛的になり，そのことがさらに周りの大人を共感不全にしていく，それをわかっていれば，実際の共感不全は軽減されるのではないか，と言いつつ，実際に子どもに向かい合うときには無心でいろ，と。しかし，先ほどのいくつかの話を重ね合わせると，事前のリサーチや学習・理解と，本番での自然な関わりが決して矛盾するものではなく，むしろ本番において自然に振る舞うためには事前のリサーチ・学習が役に立つことを，理解していただけるのではないでしょうか。

　さて，事前に子どもが，あるゲームを得意だということがわかったとします。すると，子どもと遊ぶために，そのゲームについて予習する方もいらっしゃるかもしれません。しかし私は，それは不要だと思います。その子どもとの時間を楽しく過ごしたいという気持ちを大切にするならば，予習などせずその場で，その子自身に教えを請えばよいのです。普段は自分の弱さを隠すために尊大に振る舞っているかもしれません。しかし，あなたが本当に初心者として教えを請えば，その子の尊大さは空虚ではなくなるのです。大人が本当は知っているのに知らない振りをすると，案外それが些細な場面に顔を出すことがあります。子どもにとっては，大人の嘘です。自分に近づきたいために，知っているくせにわざと知らない振りをしていると思われると，信用されなくなってしまいます。それよりは本当に知らないままに，子どもに指示を仰ぎましょう。ひょっとすると子どもは，鼻高々になり，「こんなことも知らないの？」とばかりに見下し始めるかもしれません。すると腹が立ちます。人が下手に出てやってるのにいい気になりやがって。その子は今，あなたに対して共感不全になっているのです。彼自身が経験してきたことを，あなたに実際の行為を通して伝えているのです。子どもから見下される状況が続くとあなたは，「お前みたいに一日中ゲームをしていれば俺だってそれぐらいすぐにできるようになるさ……」そうです，共感不全な相手に対してあなた自身が，自分を守るために尊大になりつつあるのです。その自分の体験を目の前で尊大に振る舞う子どもに重ね合わせることができれば，目の前の子どもも自分も大して変わらないと思えるかもしれません。そしてその惨めな気持ち，悔しい気持ち，憤り，を生の感情として体験するとき，まさに子どもの身代わりになって内省しているのではないでしょうか。

32 家族への対応

- 子どもと関係がよくなると，その人に対応を丸投げされやすい
- しかし教員や専門家は，一時的な関係である
- 先生と子どもの関係がよくなったからといって，先生があまり引き受けすぎずに，家族がいかにその子どもとの関係を再構築できるかが重要

　67頁において，家庭訪問の労を厭わず関わってくれる熱心な先生の存在が大事であることを述べました。しかし，ここで，くれぐれも気をつけていただきたいことがあります。67頁でも述べた，再発にも関係してくることです。

　熱心な先生が関わり続けることで，子どもとの関係が改善してくると，子どもも，その先生の言うことならよく聞いてくれるようになります。それ自体はとても喜ばしいことなのですが，ここで下手をすると，本来親がするべきことを，先生に肩代わりしてもらうようなことが起きやすいのです。先生としても，親との関係を大切にしていきたいと思うと，親からの依頼をむげに断ることもしにくいものです。

　しかしここまで述べてきたように，もし親の側に子どもに対する共感不全が生じているならば，そして，自分たちが直接言うよりも，先生から言ってもらった方が子どもはよく聞く，となれば，ますます親は先生に依存し，子どもとの距離が開いてしまいます。

　しかし年度が替わり，担当が代わり，元の先生との縁が薄くなり，新しい先生は他の子どもや家族と同じように対応しようとすると，その先生に対する不満が募ってきてしまいます。それは単に，申し送りを丁寧にしましょうという問題ではありません。また，一時的には熱心な手厚い関わり（介入）が必要で

あるとしても，それをいつまでも続けることは困難です。そうであれば，子ど
もと先生との関係に，極力親を巻き込むことが必要です。

　具体的には，親にも何か課題を与え，対応してもらうのです。もちろんそれ
は子どもの成長に関することです。しかし最初から難しい課題を与えてしまう
と，やる前から頓挫しかねません。最初は，「そんなことでよいのですか？」
と思われるぐらいの些細なことがよいと思います。自分も一所懸命関わってい
るけれども，自分一人ではどうしても限界があるので，どうしても行き届かな
いところが出てくるので，ここはどうしても，親にも協力をしていただきた
い，というスタンスがよいようです。そして，それをこなしていただけたな
ら，精一杯にお礼と感謝を伝えましょう。

　ここで一つの仮説を考えます。それは，子どもに対して共感不全になりやす
い親は，その親自身が，共感不全な原家族の中で育った可能性です。一種の世
代間連鎖です。子どもがそうであるように，共感不全の養育環境で育つと，失
敗に対する不安が高まり，周りが受け入れてくれないのではないかという，不
信感も募りやすいものです。だから最初から挑戦しようとすることを諦め，偽
りの殻に閉じこもりやすいのです。親にも同じような現象が起きている可能性
は大です。ですから，あえて親に課題を与え，先生が親に共感的に関わる，つ
まり，共感不全を起こしやすい親に対して，共感的に関わることによって，一
種の育て直しを試みるわけです。そうする中で少しずつ，親の子育てに関する
課題も難易度を上げていけばよいのではないでしょうか。

　もちろんそれは短期間でうまくいくようなことではありません。しかし，こ
れまでお会いしてきたこのタイプの不登校児の親に対して，もう少し子どもに
向き合って欲しいと思うことが少なくありませんでした。そのための手段とし
て，参考にしていただければと思います。またこれを実施できるのは，子ども
とよい関係を築いてきた人に限られます。そうでない第三者には，親もあまり
熱心に耳を傾けようとしてくださらないことが多いのです。子どもと信頼関係
を築けた人だからこそ，親も，この人の言うことなら，と，耳を傾けてくださ
います。そして何よりも，親の介入が増え，子どもと向き合えるようになって
くれば，それに比例して先生方の負担は減ってくるのですから。

神経症的 ⇒ 自己愛的（シフト）

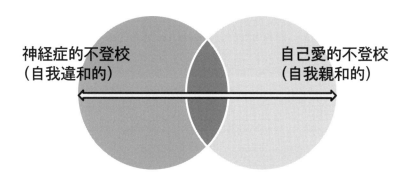

神経症的不登校
（自我違和的）

自己愛的不登校
（自我親和的）

　さて，ここまで，神経症的不登校と，自己愛的不登校と，分けて説明をしてきましたが，どうやらことは，そう単純ではなさそうです。最初に呈示した図式の中でも，この2つは重なっていました。つまりこの2つの概念は一見排他的なようにも見えますが，実際は連続しているということなのです。そして単に，その中間の状態が存在する，ということではなく，対応によっては，本来神経症的であったものが，自己愛的な状態にシフトすることがあるのではないか，と思うのです。

　私がこの2つがシフトする可能性があると考えるのは，中学や高校の不登校の生徒やその保護者とお会いする中で，不登校自体は小学校時代から始まっているような，長期化しているケースで度々聞いてきたあるパターンがあるからなのです。

　それは，不登校が始まった初期の頃，本人，ないし親が，スクールカウンセラーなどの専門家に相談に行っています。その時点では本人も親も，困り感を持っていたのです。しかしそこで専門家から「大丈夫」「そのうち何とかなる」「本人が好きなように過ごさせてあげて」といったような助言を受け，それを真に受けて，ある意味放っておかれたケース，というのが少なくないのです。

　本人も，親も，そう言われて安心します。しかしその後，継続したカウンセリングのような支援がなされず，ずるずると不登校が長引いてしまうケースです。全てのケースがそうではありませんが，そういうケースの中には，専門家にそう言われたから，ということで，段々その状態に違和感を持たないようになっていき，学校に行かなくても，とか，教室に入らなくても，とか，高卒認定試験を受ければいい，とか，何か物事を安易に考えるように変わっていったと思えるケースがあるのです。あるいは，「子どもの好きなようにさせて」と言われたからと言って，ゲームやスマホを子どもに与え，子どもが昼夜逆転生活になり，高校が続けられなくなるケースもあります。

　いずれも，本来は現実に向き合い違和感を抱えていたにもかかわらず，あたかも専門家から，「現実に向き合う必要はないですよ」と言われ，現実から目を背けるようになり，自分の世界に閉じこもるようになっていったように思われるのです。

　そのような親子であっても，どこかに違和感が残っていて，再度相談機関を訪れ，そこで継続したカウンセリング等を受けるようになると，時間はかかりますが，変化は訪れます。高校であれば留年することもありますが，来談が継続できるケースでは，留年しても最終的には，次の進路を定めて卒業していきます。

　また，このようなケースに関わってきた経験から，最初の方で述べたような，「登校刺激をしてはいけない」というフレーズが一人歩きしているのではないか，という疑念が膨らんできたという経緯もあります。

　この，本来神経症的不登校であったものが，自己愛的不登校にシフトしていったのではないか，という仮説は，理屈の上でも辻褄が合うように考えられます。ここまで述べてきたように，自分の内面や現実に向き合い，落ち込むことができる能力は，成熟した心に生じる現象です。しかし，「向き合わなくてもよい」と現状を追認されることで，内面や現実に向き合うことをしなくなるのは，心の負荷が軽くなることです。しかし，その負荷をあまりに取り去りすぎると，むしろ弊害が生じてくるのではないかと考えられるのです。

34　心の「廃用症候群」

- 安静状態が長期にわたって続くと，身体の機能低下をもたらす
- 宇宙ステーションに長期滞在すると，重力が極めて弱いために筋肉の衰えや骨がもろくなる
- 予防・回復のためには早めのリハビリ（負荷）
- 心も同様に，適度な負荷をかけ続けることは重要（行動療法ではシステマティックに技法化）

　廃用症候群というのはもちろん，高齢者に起きやすい症状です。私たちの身体は，重力に代表されるような適度な負荷に日々晒されて生活をしている中で，筋力が維持されているのです。以前は，お年寄りが骨折などで入院すると，じっくり治してからリハビリを開始することが多かったのですが，最近では，かなり早い時期からのリハビリが推奨されます。時間が経てば経つほど，廃用症候群が進み，身体の機能回復に長い時間がかかり，そのときの苦痛から，リハビリそのものに対する拒絶感も強くなっていくことがわかったからです。

　心の機能にも，同様のことが言えます。ストレス理論においては，様々な外部からの刺激であるストレッサーに対して，心身が負荷を感じ，ストレス反応を生じた後に，それがどれくらい回復しやすいか，その回復しやすさのことを，レジリエンスと呼びます。そして，適度な負荷に繰り返し晒すことで，回復力や抵抗力を高めていくのが，系統的脱感作です。花粉症の治療（免疫療法）であれば，適量の花粉と同じような刺激に晒し，刺激に慣れることで，過剰な反応（花粉症）が生じなくなるのです。同じように，学校が不安を喚起する子どもに，少しずつ学校を連想させる刺激に晒し，学校という刺激に心を慣

らし，学校という刺激が与えられても平気でいられるようになっていきます。もちろん最初は不安や恐怖が高くても，それに定期的に晒されていくうちに，ある種の慣れが生じたり，回復力が高まってきたりします。身体的な反応の場合，細胞にそのプロセスが記憶されることで，身体の反応がスムーズに行くようになります。大脳を介在する反応においては，脳のある種の回路（神経ネットワーク）に変化が生じ，刺激に対する感受性がよい意味で鈍ってくることなどが想定されます。

　つまり，適度な負荷に晒されることによって私たちの身体も心も，その筋力を保持したり，回復力を高めたりしているのです。

　ということは，逆に考えれば，身体に対する適度な負荷が取り除かれると，身体は，慣れれば宇宙空間で自分を操るように一見楽に過ごせるように見えるかもしれませんが，その裏では極度な筋力低下が生じ，現実の重力の世界ではすぐには適応が困難になるのです。事実，国際宇宙ステーションから地球に帰還したばかりの乗船員は，地球の重力に適応できないため，普通に二本足で立ったり，流暢に舌を使って喋ったりすることができないのだそうです。

　それと同じように，心に対する負荷が極端に取り除かれてしまうと，心は一見，自由に，楽になるように見えるかもしれませんが，恐らくその裏側で，心の筋力とでも言えるような，あるいは現実に対する心の適応力のようなものが，どんどん低下していくと考えられるのです。

　不登校の子どもたちにおいても，学校に行かなければいけない，勉強しなければいけない，友だちと仲良くしなければいけない，など，心の負荷となるような事態はたくさんあると思います。もちろん骨折した直後は，そこに負荷をかけないように固定するなり，安静にするなりの対応が必要です。しかし，ある程度経てばまた，負荷をかけ，リハビリをしていかなければ，そこから回復するのに余計大きな困難を抱えることになるのです。そう考えると，不登校だからといって，その負荷を消し去ってしまうことは，とてもお勧めできません。もちろん一時的に負荷を軽減することは必要でしょう。しかしそれは，「学校のことは行かなくても，考えなくてもよい」「好きなことを好きなだけやればよい」「親も何も気にすることはない」式の，負荷を取り除いてしまうような発想とは一線を画すものなのです。

35 神経症的不登校の自己愛化

- 周囲に対する安易な励まし(大丈夫)や，広い気持ちで見守る(そっとしておく)ことの行き過ぎ
- 本人の苦しみや葛藤に巻き込まれない
  ⇒共感不全
- 子どもは葛藤から自分を守るために仮の自分という防衛を強化
- その中で自我の脆弱化

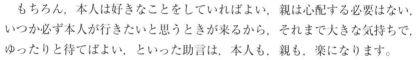

　もちろん，本人は好きなことをしていればよい，親は心配する必要はない，いつか必ず本人が行きたいと思うときが来るから，それまで大きな気持ちで，ゆったりと待てばよい，といった助言は，本人も，親も，楽になります。

　しかしここで，気をつけなければさらに事態が混迷します。子どもが学校に行かない（行けない），それに親が巻き込まれ，我がことのように心配し，不安を抱える，それは，以前も述べた通り，自然なことなのです。そしてそれは親の心的エネルギーの表れであり，親の子どもに対する共感性の一種の表現でもあるのです。それが子どもにストレートに向かうと確かに子どもはしんどいので，それを子どもではなく，カウンセラーに向ければ，というお話をしました。

　それに対して，「心配しなくてよい」式の介入は，一歩間違うと，親に，子どもに対して共感不全になれ，と言っているようなものなのです。それまで子ども自身が学校に行けないことに対して違和感や不全感を感じ，せっかく親も同じように感じていたのに，親が共感不全になるということは，子どもの不安や苦痛に巻き込まれなくてよいですよ，と言っているようなものなのです。子どもの苦痛や葛藤を真に受けて，受け止めてあげなくてもよいですよ，と言っているにも等しいのです。

　もし親がそのような態度に変わっていったとしたら，子どもはどうなるのでしょう。それまで現実にうまく適応できないことで生じていた違和感を，親が巻き込まれるという形を通してその一端を担ってくれていたことでどうにか自分でも抱えていられたのに，その親の支えがなくなってしまうわけですから，その先は自分一人の心で抱えなければならなくなってしまいます。しかしそれは，発達途上の子どもにとって，さすがに負担が大きくなり過ぎてしまうことが多いようです。

　そうすると，子どもは自分の葛藤から自らを守るために，少しずつ現実から目をそらすようになります。専門家から「好きなことをしていればよい」と言われればなおさらです。そうして，現実から目をそらし，偽りの自己（ウィニコット，1965，牛島訳，1977）とでも呼べるような仮面をかぶるようになっていくでしょう。

　これまで自己愛的不登校のところでお話をしてきたような，防衛的な張りぼての自己が形成されていくならば，その中にある本当の自我は，現実の負荷に晒されなくなっていきます（そのための防衛なのですが）。そうすると，本来であれば晒されるはずの，外的な刺激や負荷に晒されず，守られる状態が続くので，先ほどの廃用症候群のところで見たような，心の筋力の低下がますます進んでいくと考えられます。

　そうすると，もうお気づきのように，元来神経症的不登校として，現実にうまく適応できないことに違和感を抱いていた子どもが，そのことから目をそらし，それで何が悪いんだ？　と言う尊大さを身にまとった，自己愛的不登校へとシフトしていくことが考えられるのです。

　現実に直面することを避けるようになり，外的には一見明るくなったように見えても，それと同時に心の筋力は低下の一途をたどるわけですから，そこからの回復は余計に時間がかかる困難なものになるのは当然です。

　ここで，心の筋力の低下を，心の構造論の見地から見直してみたいと思います。

「本人の意志に任せる ～何もしない」ことの功罪

- 自我に対する適度な負荷の低下　⇒せっかく形成されている超自我の必要以上の弱体化
- 自我の調整機能も働く必要性を失い，弱体化⇒「こころ」の筋肉の低下
- 神経症的不登校⇒自己愛的不登校への移行（自我機能の脆弱化と，仮の自己による防衛の強化）
- 一見元気に見えるけれども実際はより，社会的引きこもりが促進

　57頁で見ていただいた，「神経症的不登校のメカニズム」の図を参照しながら読み進めてみてください。

　「学校に行かなければならない」「勉強をしなければならない」など，「～なければならない」「～してはいけない」といった，自分自身の欲望に従うのではなく，それを抑えてでも社会規範に適応しようとするような方向性を持った心の中の働きを，超自我といいます。この超自我は普通，私たちの心の中で，自我の判断に大きな影響を与えています。それに対して，「好きなように過ごしてよい」というメッセージは，この超自我を緩める働きをします。そうすることは，自我に対する超自我の影響力を緩め，自我に対する負荷を減らすことにつながります。

　自我は本来，本能的な欲求「～したい」「～が欲しい」といった願望と，超自我に挟まれ，それぞれの言い分を調整し，現実的な判断を下し，行動につなげる役割を果たします。

　しかし，超自我からの負荷が減るわけですから，本来の均衡状態は崩れ，自我も苦労をして調整機能を果たす必要性が低下します。そのようにして，本来ある程度成熟していたはずの自我機能がむしろ低下し，最初はあったはずの違

和感がもてなくなります。そうすると，見かけは明るく元気に見えても，実際には，より社会の中での不適応感は進んでしまうことになります。自我機能の脆弱化が進んでしまうわけです。

　自我機能が脆弱化するに従い，先述のように，それを守るための張りぼてのような仮の自己が，次第に必要とされてくることにつながるのです。

　ここでくれぐれも誤解がないようにしていただきたいのは，だからずっと強い負荷をかけ続けるべきだ，ということではないのです。実際に神経症的不登校の場合でも，完全不登校で抑うつ感も強まっているような状態においては，しばらくやりたいように，ゆっくりと過ごすことを勧めます。しかしそれは，「本人の意志に任せて，何もしない」ということではないのです。そしてしっかりと，それを見守る大人の存在が必要なのです。家庭においては親の見守りの中で，心が脆弱になるのではなく，退行（子ども・赤ちゃん返り）していくのです。心が脆弱になり仮の自己の殻を作ることは，親との間に壁を作ることにもつながりますが，退行して依存し，甘えることは，むしろ逆に親との距離を密にすることにつながるのです。

　ですからあくまで親は，子どもに対する心配を抱きながら，それが子どもにとっての過剰な負担にならないように，専門家などの第三者に対してそれを吐き出すことが大切なのです。

　この辺りの，負荷のかけ方や，距離感のとり方，心配の仕方などが，なかなか，マニュアル的な基準をお示しすることができないので，説明が難しいのですが，こう考えてみてはいかがでしょうか。

　私たちの食事と体型を考えてみても，たくさん食べても案外太らない人もいれば，小食でもすぐに身になる人もいます。一人一人代謝や，その他の条件が違うからです。心の代謝も同じように，どの程度関わり，距離感を持ち，見守るのがよいのか，それは子ども一人一人によって違うのです。そのほどよい加減の関わりが自然にできているようであれば必要ないかもしれませんが，そうではない場合は，臨床心理士などの専門家と相談しつつ距離感を考えていくことはお役に立てるのではないかと思います。

37 自己愛化させないための予防

- (学校やカウンセリングなど)外界との接点を持ち続ける
- 現実や内面に向き合うことを安易に否定したり避けたりしない(適度な負荷)
- 現実や内面に向き合うことから生じる不安や緊張を，悪者視したり，過度に恐れない
- 子どもの*緊張や不安を，周囲で抱えていく*ように工夫する(カウンセリングの効能)

　さて，もともと神経症的不登校であったものが，自己愛的不登校にシフトしていくことがあるのではないかと，そのメカニズムについて見てきました。神経症的不登校は，一見深刻に見えますが，現実に向き合う力は維持されており，適切な関わりの元で回復していくことが多いのに対して，自己愛的不登校は，一見元気に見えても，その根は深く，長期化，遷延化することが多いとするならば，自己愛的不登校にシフトしないよう，神経症的不登校の状態でとどめておくことが必要になってきます。その際に気をつけなければならないことはどういったことでしょうか。

　まず，学校やカウンセリングなどの現実世界との，接点を持ち続けることです。そういう現実世界との接点を枠組みとする中で，その枠組みの中で，「少しゆっくりしよう」「何か好きなことをやってみよう」というメッセージが深い意味を持つのです。

　この，何らかの現実世界と定期的に接点を持ち続ける，ということは，それだけでも，不登校状態の子どもにとってそれなりの負荷です。それが負荷になっている，ということを，周りの大人は認識をした上で，抱えていくことが必要です。

　カウンセリングに来るようになれば，表面的には他愛もない話をしたり，遊

んだりしているだけにしか見えなくても，内面では，「なぜ自分はこんなところに来ているんだろう」という問題に向き合わざるを得なくなります。外的現実と，自分の内面に向き合うこととは，これも子どもにとっては負荷です。このような負荷にしばらく晒されていると，不安や緊張，抑うつ感が生じてもおかしくありません。むしろ正常な反応といってよいぐらいです。

　この程度の負荷を受けながらも，子どもが何とかカウンセリングに通うということは，そのことを通して，子どもなりに，自分の問題に向き合おう，取り組もうとしている証でもあるのです。そして，この際の負荷は決して取り除かれるべきではなく，むしろ，負荷に晒されながらも何とか自分の力でその負荷に向かい合おうとしている子どもの努力をこそ，大人は受け止め，認め，誉めてあげるべきなのです。このときの負荷はむしろ，子どもがそれを乗り越え，成長していくための，発達課題のようなものと考えることもできるかと思います。

　少し見方を変えると，現実のプレッシャーやストレスを取り除いて楽にするだけでは，子どもの成長は期待できないのです。一時的に荷物を整理して，一人で背負えるように荷物を減らすことはあっても，最終的には子どもたちも，自分に与えられた荷物を背負って歩かざるを得ないのです。

　減らされた荷物であっても，その荷物を背負って，綱渡りの綱をそのつど渡り終えることができるとき，子どもたちは成長するのです。

　最初は軽い荷物で，短くて太い綱であっても，綱を渡り終えるたびに子どもたちは成長し，次第に，重い荷物を抱えながら，細くて長い綱を渡ることができるようになるのです。それこそが，子どもたちにとっての自信や，自己肯定感の向上につながっていくのです。自信や自己肯定感といったものは，最終的には，他人が与えることができるものではありません。自分自身の力で困難を乗り切ったとき，はじめて，それが内なる自信や自己肯定感として，揺るぎのないものになっていくのです。

当事者の声

　2020年7月現在，ＮＨＫで，「ひきこもりクライシス“100万人”のサバイバル」という企画が進行しています。そのＷＥＢサイトに，当事者の声が掲載されていますので，ご本人の声，家族の声，それぞれ一つずつ，ご紹介させていただきます。（https://www3.nhk.or.jp/news/special/hikikomori/?tab=2）

　まずはご本人の声から。
　「最近はニュースもワイドショーもひきこもりひきこもりと言っていて，しんどい。私も犯罪者予備軍と見られているんだろうか。ひきこもりを治そうとかって，誰かが干渉してきたらどうしよう。そうっとしておいてほしい。波風を立てられたくない。ただひっそりと，昨日と同じように暮らしていたい。不登校のころは，もっと自信があった。学校，行きたくなかったら行かなくていいんだよって思っていた。我が道を行くんだって思っていた。でも今は自信なんてなくなった。世の中，一度レールを外れたら戻りにくいのを知った。学校へ行って，友達が出来て，仕事をして，新しい自分の居場所を作る，そんな普通，もしくは理想とされているレールは，もうどこかに見失ってしまった。（30代 女性）」
　もし彼女が不登校だった頃，身近で，「無理して学校に行かなくても大丈夫」とささやく専門家がいたとしたら，その罪は重いと言わざるを得ません。「学校へ行って，友達が出来て，仕事をして，新しい自分の居場所を作る」そんな「理想」は，不登校時代も，彼女の心の片隅には存在したのではないでしょうか。もちろんその理想に向き合い，すぐにはそうなれない自分を認めることは，辛く悲しいことです。そこで，「治そう」として干渉する必要は無いかもしれませんが，彼女に寄り添い，一緒にその辛い現実に向き合い，ともに悩む人がそばに居たら，少しは違っていたのかもしれません。もちろん，今からでも遅くはないので，そういう対象に巡り会えることを願っています。

　続いて家族の声です。

　「16歳の高校生の息子が，小6の夏からひきこもりです。不登校に至った原因は，本人の口から語られませんので，親の想像でしかありません。行政等にも相談していますが進展はなく，親が手探りで子どもと向き合っています。親は毎日子どもと向き合いますので，その内エネルギーがなくなってきます。そんな時は，子は自分を責め親も自分を責め，八方ふさがりとなり，この問題を家族だけで抱えます。今日は子どもと少し話せた，それが日々の中でささやかな喜びです。先々を思うと不安しか有りません。家族が発信しなくても，どうですかと一緒に寄り添ってくれる存在が欲しいです。自分達の不甲斐なさは十分分かっています。でも家族だけでは，どうにもなりません。寄り添い支援があると嬉しいです。（50代 男性）」

　不登校の子どもと向き合う，親のエネルギー低下，それは，これまで述べてきたように，深刻な課題です。

　カウンセリングの関係が継続される中で，カウンセラーが「どうですかと一緒に寄り添ってくれる存在」になれるとよいのですが。「家族だけでは，どうにもなりません。寄り添い支援があると嬉しいです」，本当にその通りだと思います。それは決して，家族が不甲斐ないということではありません。ひきこもりの問題解決には，家族だけではなく第三者の介入が効果的であること，そのことがまだ十分浸透していない，もしくは，適切に介入できる第三者が，まだまだ十分ではない，それが現状であり，課題なのだと思います。

　いずれの事例も，不登校が原点にあるケースです。このNHKのプロジェクトでは，いったん社会に出た後にひきこもったケースも少なからず取り上げられていますが，一方でこのような，不登校の延長線上でひきこもっているケースも少なくありません。ということは，不登校の時代に何らかの適切な介入が行われ，不登校を克服することができていれば，ひきこもらずに済んだ可能性もあるのです。

　もちろん，こういった当事者や家族に寄り添うのは，カウンセラーとは限りません，学校の先生方や，ソーシャルワーカー，また，様々な支援団体の支援の手が，苦しい思いをしている当事者，ご本人やご家族の皆様のところに届くのを願ってやみません。

IV

．．．．．．．

4つの視点からの
理解と支援

不安を抱えるとは

- 不安や苦痛から目を逸らして，一時的に気が楽になる⇒躁的防衛
- 現実に向き合うことにともなう抑うつをカウンセリングで抱える
- 何もできない無力な対象として（のたうち回りながらも）居続ける。そのあり方が，無力感に向き合う子どもに取り入れられる
- 不安を抱えるための工夫としての，治療構造における，「A-Tスプリット」

　子どもが負荷に晒されている，ということを認識した上で，周囲の大人がそれを抱える，と述べましたが，その点をもう一度確認をしておきたいと思います。

　先述のように，現実にある不安や苦痛から目をそらすことによって，気持ちが楽になり，明るくなる，というのは，躁的防衛と呼ばれる防衛機制の一種です。これは原始的防衛機制と呼ばれることもあるように，どちらかといえば，あまり成熟していない心の状態で生じやすいものです。大人でも起きないわけではないのですが，どちらかといえば未熟な状態で生じやすいものです。

　現実に向き合うことは，しばしば抑うつをともないます。この抑うつには，将来への不安がともなうことも少なくありません。

　この抑うつ感や不安感には，現実を目の前にしたときに，どうしてもそれを，自分の思うように取り扱うことができない無力感が漂っていることが少なくないのです。あるいは，自分が理想として思い描くような結果を出すことができない，そういう無力感でもあります。

　そのような無力感にうちひしがれ，抑うつを感じている子どもを目の前にして，大人に何ができるのでしょうか。そのような子どもを目の前にすると，多

くは，子どもに元気になってもらいたいと思い，何とか励ましたり，誉めそや
したりしたくなるものです。これも以前お話ししたような，大人自身の子ども
に対する，「こうあって欲しい」という願望を重ね合わせているわけです。

　しかし，カウンセリングでは，別の関わりもあります（カウンセリングでは
こう関わる，と決まっているわけではなく，学派や流派によって，その介入の
仕方は異なります）。例えば，無力感にうちひしがれている子どもを目の前に
した，カウンセラーもまた，その子どもをどうすることもできない，無力な存
在なのです。カウンセラーもそのことによって，抑うつ感に陥るかもしれませ
ん。しかしカウンセラーは，その無力感，抑うつ感から逃げません。そうし
て，カウンセリングの構造の中で，その子どもに向き合います。無力な自分自
身を受け入れ，逃げずに，居続ける，その姿が，子どもに取り入れられること
によって，子ども自身も，無力であっても居続けることが大事であることに気
がつくでしょう。このような学習は，教えることができませんし，説明するこ
ともできません。ただ，このような関係性の中での体験を通して，体得してい
くものなのです。

　このような無力感を受け入れることができるようになれば，次第に不安も軽
減されていくでしょう。しかし，そのような体験は子どもにとっても辛いもの
ですので，子どももカウンセリングを受けたくないと思うようになっても不思
議ではありません。そこで，ただ単に子どもの言い分を尊重するのではなく
て，少し，背中を押す力も必要です。もちろんどうしても行きたくないと強く
思うとき，無理矢理に連れていくというのは逆に外傷体験になりかねません
が，逡巡しているようならば，それに付き合いながらも，少し促してみてもよ
いのではないでしょうか。大人の一般のカウンセリングでもそうですが，しば
しば経過の途中で治療に対する抵抗反応が生じるものです。この抵抗反応に対
しては，じゃあすぐに休んでもいいですよ，というものではなく，その抵抗反
応の意味をこそ，考えていく必要があるものなのです。もちろんカウンセリン
グに来て，その治療構造の中に入れば，いくら抵抗反応について考えることが
治療上重要であるといっても，気持ちが進まなければそこで無理をする必要も
ないのです。

　つまりカウンセリングにおいては，その治療構造の中では最大限自由が保障
されなければなりませんが，そこに至る過程においてはむしろ，ある種の力を
必要とする場合もあるのです。

39 A－T　スプリット

- AdministratorとTherapistの役割分担
- Aは，外的枠組みを提示し，守ろうとし，制限を課す（limit setting）
- Tは，内面を重視し，内面の自由を保障し，受容，共感的に関わる
  ※医療では生命に関わることもあるので制限や枠組みに，ある種の厳格さを求められるが，教育ではそこまでなくとも？

　92頁の枠内の最後で，「A-T スプリット」という発想をご紹介しました。これについて少し説明をします。

　特に精神分析的な治療構造の中で，Administrator（管理者）と Therapist（治療者）の役割を分けることを言います。病院臨床などでは，主に管理医（右図上「A」）と呼ばれる医師が，患者（右図「Cl」）の生活や，服薬などの，外的な，あるいは現実的な側面について，管理的な立場をとらざるを得ません。それに対して心理士（右図下「T」）などが，そうは言っても，と，患者の内面を支える役割を果たすのです。この 2 つの役割の分担は，患者を支える上でとても重要です。しかし，学校現場では，スクールカウンセラーの導入以降，カウンセリング的な関わりが注目をされ，重要視されるあまり，この現実的な管理の役割がむしろ否定的に受け取られてしまっている側面もあるのではないかと危惧しています。

　カウンセラーがその機能を十全に発揮できるためには，実はこの管理者の存在がとても重要になるのです。このような（役割上の）現実主義的な管理者がいることで，相談者の心の中には不満や葛藤が渦巻くようになり，カウンセラーに吐き出したい欲求も高まってくるのです。そもそも周りの誰もが，子どもの内面を重視し受け入れるような環境では，子どもの心の中に葛藤は生じ

```
外的・社会的・現実的
Cl ――― A

内的・個人的・ファンタジー
Cl ――― T
```

ず，適応できていない現実に対する違和感も生まれません。違和感を感じるときの超自我の働き（～ねばならない，～してはいけない）について説明をしていましたが，この超自我は外部の管理者と密接に結びついているのです。この管理者の存在はしばしば超自我として内在化されます。そうしてこの超自我は管理者と結託することによって，自我を圧迫し，苦しめます。だからこそ自我はどこかに救いを求めようとし，カウンセリングはその期待に応ずる役割を果たすことができるのです。「泣いた赤おに」（浜田廣介，偕成社文庫，2005）という童話の，青鬼と赤鬼のような役割分担は，少し事情は違いますが参考になります。

　もちろんこの，管理者の力の入れ具合，圧力のかけ方の加減が重要であるのは当然です。両方のバランスを考えずに管理的な側面だけで何とかしようとすると，それは子どもの心にとっては過剰な負担になってしまいますので，ほどよい現実の直面化と，それをフォローする役割や場面を確保することが大切です。

　うまく役割分担ができないとき，カウンセラーが一人で二役できるかというと，それは無理です。子どもにとって一人の対象が，あるときは優しく受け入れてくれ，別のときは厳しく現実を突きつけてくるのでは，その対象に対する信頼感が築けませんし，子どもの心に不要な混乱を招いてしまいますので，ここは上手に役割分担をすることが大切なのです。

40 二者関係から三者関係へ

二者関係

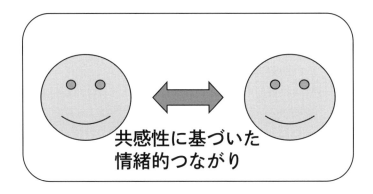

共感性に基づいた
情緒的つながり

　管理者というのは，いわば第三者的な立場の人です。不登校の初期で，ま
だ，元気が残っている，少し背中を押したり，手を引っ張ったりすれば，行け
るんじゃないか，そういうときには，この管理的立場の人に少し，手加減をし
ながらでも，働きかけてもらうことも有効だと思います。
　しかし，完全不登校，完全引きこもりで，抑うつ感が高まっているときに
は，この管理的な立場が前面に出てくると，子どもの心はますます萎縮してし
まいますので，少し控え気味がよいと思います。この時期にはむしろ，二者関
係の中で安心感を体験することが望ましいのです。カウンセリング関係の中で
の体験も重要ですが，家庭ではその子どもの欲求は，どうしても母親に向くこ
とが多いようです。論理的な関係性よりも，情緒的な関係性を求めますが，ど
うしてもカウンセリングでは，論理的な関係も入ります。また，この時期の子
どもはスキンシップを通して，情緒的なエネルギーを補給しようとする場合が
あります。カウンセラーはクライエントに対して安易にスキンシップをとるこ
とはできませんので，家庭でスキンシップを通した情緒的，依存的な二者関係
を経験できる期間があると，比較的予後はよいように思います。

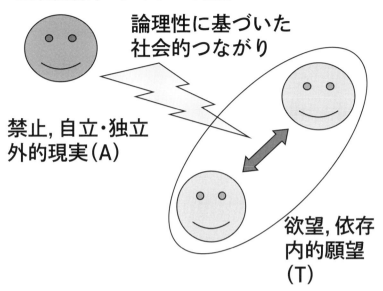

三者関係（エディプス葛藤）

論理性に基づいた
社会的つながり

禁止，自立・独立
外的現実（A）

欲望，依存
内的願望
（T）

　小さい子どもが，本当は色々お喋りする能力も身についてきたのに，泣きじゃくって大人を困らせる場合があります。小学生や中学生，場合によっては人でも起きることですが。そのときに，「泣いていてはわからないでしょう，ちゃんと言葉で説明をしなさい」というのは無理な話です。大人の理屈として間違ってはいないのかもしれませんが，なぜ泣いているのかというと，それは，そのときの情動は残念だけれども，言葉で説明できるようなものではないからです。ですから，このとき言葉をかけるとすれば，強いて言えばですが，「言葉にならないくらい辛いのね」と言うことでしょうか。

　言葉というのは，論理的なツールです。泣くというのは，情動的な行為です。人間は心が弱くなると，論理性よりも情緒性が前面に出てきます。ですからこの時期には，言葉や論理ではなく，情緒をしっかり受け止められるとよいでしょう。

　そして子どもがある程度回復してきたら，第三者が言葉（論理）によって介入をしてみるとよいでしょう。これはある意味，子どもの発達過程をやり直しているようなものでもあるのです。しかしくれぐれもこのとき，力を入れすぎて，二者関係を破壊したり，依存の対象から子どもを引きはがそうとしたりしないような注意は必要です。

学校における治療構造

- クラス担任, 教育相談担当, 生徒指導担当, 養護教諭, 部活顧問, 管理職, etc.と教員以外の支援者との役割分担
- A(Administrator)の部分がないと, 葛藤が生じない, もしくは, 表に現れない
- 「登校刺激はいけない」訳ではない
- 「本人の意志に任せる」論の行き過ぎ？

　学校は病院ではないので難しい, と思われるでしょうか。決してそんなことはありません。むしろ学校ほど豊富な人材に恵まれている組織も少ないと思います。

　一般的に言って, セラピストの役割, 二者関係の中で情緒的な関わりを大切にするのは, 養護教諭であるとか, スクールカウンセラー, スクールソーシャルワーカーが適していることが多いでしょう。しかし決して, 絶対的にそうだというわけではありません, 適した個性の先生がいらっしゃればお願いしてもよいと思います。

　それに対して管理的役割は, 日常の中ではあまりその子どもとの接点が多くない方がよいようです。クラス担任は様々な役割をとらなくてはいけないので, 管理的役割は他の先生に譲った方が賢明です。学年主任, 教育相談, 生徒指導, 教務主任, 教頭, 等々, 適任を探されるとよいでしょう。

　今時はないと思いますが, 昔このような話を聞いたことがあります。

　教室には入れず, 保健室登校を始めた児童がいました。最初はうつむき加減で, 表情も暗く, 養護教諭の話しかけにも応答は数少なかったようです。しかし, 数ヶ月養護教諭が丁寧な関わりをしてくださったお陰で, 少しずつ明るさが戻り, 保健室では楽しくおしゃべりができるように変化しました。その様子

を時々廊下から見ていた管理的立場の先生が，ある日突然保健室に入り，その
児童の手を取って，最近は随分元気になってきたみたいだから，そろそろ教室
に戻ってみよう，と，半ば強引に引っ張っていかれたそうです。本人もそのと
きは激しく抵抗するわけでもなく，渋々ではあれ，教室に戻ったそうです。

　ところが翌日から，ばったりその児童は来なくなってしまったそうです。こ
のことに関して養護教諭は，「せっかく私がこれまで努力して対応してきてよ
うやく少し元気になりかけてきたのに，あの先生が無理やりあんなことをする
から」。それに対してもう一方の先生は，「養護教諭がいつまでも甘やかすか
ら，少し刺激したくらいで来られなくなる。普段からもっと厳しく対応するべ
きだったんだ」と。

　さて，どう思われるでしょうか。私は，行為としては必ずしも，どちらも間
違いではないと思うのです。ただ，やり方や，前提として二人の先生の連携が
とれていればと思うのです。

　この場合，児童が元気になったからといって，養護教諭の先生としてはなか
なか，教室に戻ってみては，と言いにくいものです。この管理的役割は第三者
に委ねる方がよいのです。しかしそれは無理矢理することではありません。養
護教諭から他の先生に，「最近少し明るく元気になってきたみたいなので，少
し先生の方から教室に誘ってもらえませんか」あるいは，第三者の先生から事
前に養護教諭に「最近あの児童は元気そうなので，少し教室に誘ってみようと
思うけどどうだろう？」という情報交換を密に行い，二人の思惑が一致したタ
イミングで声をかけてもらう。できれば事前にそのことを予告して，心の準備
をさせることも大事でしょう。ただしそれはあくまで控えめに，であり，本人
の顔色が変わる，こわばるとか，何かマイナスな変化が大きいようであれば，
そのときは自重するとか，本人もじゃあ少し，となれば，1時間なら1時間だ
け試してみて，あとで養護教諭が「どうだった？」とフォローするとか，役割
分担をお互いが意識し，緊密な連携をとりながら誘ってみる，というのは，試
してみる価値のあることだと思います。

　教室に誘うということは少なくとも子どもにとっては負荷がかかることなの
で，それをフォローする態勢は必要ですが，何が何でも「本人に任せる」であ
る必要はないと思うのです。

42 継続的にカウンセリングを受けることの意味

- 強制はできないが・・・
- 本人がその気になるまで「<u>何もしないこと</u>」と，「<u>ただ通い続けること</u>」との間の深い溝
- 「ただ話すだけ」「ただ遊ぶだけ」でも，通い続けることの意味は大きい
- 『ネガティブ・ケイパビリティ〜答えの出ない事態に耐える力』 帚木蓬生（朝日新聞出版，2017）

　カウンセリング自体は，第三者が無理に背中を押して，「受けさせる」ものではありません。渋々来てもらってもそんなに効果が上がるとは思えません。ただ，カウンセラーが自分から「おいでよ」と誘うことはできないので，きっかけとしては，第三者から提案していただくのは有難いものです。しかしカウンセラーに会えばたちどころに心が軽くなるというものではないので，過度な（幻想的な）期待は抱かせないようにしていただければと思います。

　最近では一人のスクールカウンセラーが複数校を掛け持ちする（させられる）ために，一校に通う頻度が月に二回とか，一回とか，限られる場合があります。カウンセリングは一回一回で大きく変化をするものではなく，継続した関わりの中で安心感や信頼感が醸成されていくものですから，せめて一週間に一回ぐらいは継続して会いたいものです。

　一週間に一回でも定期的に会い続けることができると，関係性は徐々に変化してきます。といってもそこで行われることは何気ない会話であったり，その場所（環境）によってどの程度のことができるかは異なるものの，一緒に遊んだり，といったことです。ですから，何かそこで建設的なことが行われているのか疑問に思われるのは当然です。

　ここまでお話ししてきたように，それには，①現実との接点を維持し，②子どもに適度な負荷をかけることで心の筋力の必要以上の低下を予防し，③学校へ戻るためのバッテリーを充電する，といったような意味があります。そしてしばしばそこでは，子どもなりの象徴的な表現で自己を回復しようとする努力が見られることがあります。それはアニメのストーリーに自分を重ねて苦難の克服と成長を語ることであったり，遊びの中で外傷的な体験を再現し気持ちを整理することであったりします。ともすると見過ごされがちな些細な行為の中で，子どもたちはそれらを表現してくれているのです。それを見逃さずに適切に介入してくれるカウンセラーの存在も含めたそういう環境が定期的に与えられることと，そうではなくただ，「子どもが行く気になるまで待ちましょう」と言って放置されることの差は歴然です。

　もっとも，元々深い心の傷を負っているわけではない，健康度の高い不登校の場合は，一人でゆっくり過ごす時間を与えられると，その中で自己治癒していく可能性はあります。しかし，そういったケースを拡大解釈して普遍化することはリスクが高いと言わざるを得ません。

　子どもがこのような自己治癒の過程にあるときに，カウンセラーであろうと，家族であろうと，なかなかそれを外部からの働きかけで促進することは難しいものです。保護者はカウンセラーと共に子どもの状況を理解することで，焦らず，さりとて放置するわけでもない，ほどよい距離で子どもを見守れるとよいでしょう。しかしそれも，あくまで子どもが主体であり，子どもの状況によって距離感は刻々と変化するものですから，カウンセラーが言ったからということに縛られず，目の前の子どもの状況に臨機応変に対応する柔軟性があることが望ましいでしょう。しかしここで完璧な対応を目指す必要もありません。ウィニコット（1951，北山監訳，2005）の言う「ほど良い母親（good enough mother）」という言葉が思い出されます。

　現代社会で生きる私たちにとって，この，すぐに変化や，結果が出ないことに耐えることはしばしば困難を生じます。3ヶ月に一度の四半期決算で業績や経営を語ることが求められる時代に，無理もないことです。

　だからこそ，カウンセリングではそれとは異なる時間の流れやものの見方をしたいものです。それには，帚木（2017）が提唱する「ネガティブ・ケイパビリティ」の考え方が多いに参考になります。

ネガティブ・ケイパビリティ

　帚木蓬生は，精神科病棟での殺人事件をテーマとした『閉鎖病棟』(1994)（近年映画化もされました）で山本周五郎賞を受賞するなど，数々の文学賞を受賞した精神科医です。現在も福岡県内のクリニックで診療を続け，最近は依存症の治療に力を入れています。

　その著作『ネガティブ・ケイパビリティ』(2017) の冒頭で，ネガティブ・ケイパビリティとは「どうにも答えの出ない，どうにも対処しようのない事態に耐える能力」あるいは，「性急に証明や理由を求めずに，不確実さや不思議さ，懐疑の中にいることができる能力」と述べています。この言葉は，ロンドンで生まれた私人 J. キーツがシェイクスピアを論じる際に使い，さらにイギリスの精神分析家 W.R. ビオン (1970, 福本・平井訳, 2002) が精神分析において不可欠であると言及したと述べられています。

　私たちは普段の生活の中で，それとは逆の「ポジティブ・ケイパビリティ」，すなわち，できるだけ効率よく迅速に，問題を解決する能力を求められます。まさに企業経営者が，四半期決算で業績を求められるようなものです。

　しかし，カウンセリングが対象とする心の問題は，そのようにはいかないことが少なくありません。すぐに変化や結果が出ないけれども，辛抱強く耐えて待ち続ける，それこそがしばしば求められるのです。しかし，その間放っておかれることは，時として耐え難い場合もあります。

　帚木は同書の中で，セネガルの「人の病の最良の薬は人である」という言い伝えを紹介しています。

　それは，元々は身体の治療において言い伝えられたことのようですが，心の問題についてはなお一層このことが，よく当てはまるのではないでしょうか。帚木は同書の中で，終末期医療に関する話題に触れ，〈日薬〉と〈目薬〉という例えで表現しています。

　「何事もすぐには解決しません。数週間，数カ月，数年，治療が続くこと

があります。しかし，何とかしているうちに何とかなるものです。これが〈日薬〉です。」さらに，「『あなたの苦しい姿は，主治医であるこの私がこの目でしかと見ています』ということです。前にも言いましたが，ヒトは誰も見ていないところでは苦しみに耐えられません。ちゃんと見守っている眼があると，耐えられるものです。」これが，〈目薬〉だと述べています。不登校の対応においても私はこの〈日薬〉と〈目薬〉が重要な役割を果たしていると考えます。

　学校に行けない子どもの苦しみを，親やカウンセラーがしかと見ていることで，子どもはその苦しみに耐え，乗り越えていけるのです。それと同じように，子どもを見守る親も苦しいのです，ですからその苦しさは，教員やカウンセラーなどがしかと見て，受け止めていく必要があるのです。

　カウンセラーが親の苦しみをしかと見続けていると，時として，親の苦しみ，夫婦間の葛藤や家族（嫁−姑の葛藤）の問題などが語られ始めることがあります。実は親も，日々，多くの葛藤に苦しみながら，精一杯生きているのです。もちろんそれは不登校の親に限ったことではないでしょう。しかし，不登校児を見守る親の，このような苦しみにも向き合うことで，親の負担が少しでも軽減されるならば，それは，親が子どもに向き合うエネルギーに振り向けることができるようになるのです。決してそれを，「それは親の問題なので，今は子どものことを考えましょう」などと無視してはいけないのです。もちろんだからといって，それをカウンセラーは見事に解決してくれる，などと過信してもいけないわけですが。

　ですから私たちは，せめて少なくとも，親の葛藤にこそ向き合い，しかと見続けることが必要なのだと，多くの親の面接から学びました。

　心に寄り添い，話に共感したからといって，すぐによい結果が出るわけではない。けれども，寄り添い続けることが最終的には最良の薬なのだ，このネガティブ・ケイパビリティの思想と，セネガルの言い伝えは，不登校に関わる上で，とても大切なことを私たちに教えてくれているように思います。

43 継続的なカウンセリングで生まれてくるもの

- 何もしないことを肯定し，遷延化するか，通うことの意味に自ら向き合うか
- よくやっていることへの労い，自己否定感の否定ではなく，共感的理解
- 自己肯定感は，外部から与えられるのではなく，自分自身で苦しみの中から，もがきながらつかみ上がってくるのが本物
- そのためには，単発的な面接ではなく，ある程度長期にわたる継続的な面接が望ましい

　前にも述べましたが，単なる現状肯定だけでは，自我の弱体化を招く危険があります。そうすると状態は一見，表面的には元気になるように見えますが，事態は長期化しやすいです。カウンセリング等に定期的に通う中で，カウンセリングに通う，ということ自体も含めて，自分自身に向き合うことを通して，抑うつが生じることもありますが，むしろそこから立ち直ることで状況は改善していくのです。

　外来相談室では，小学生であっても「僕の他には誰か来てる？」など，自分自身が相談室に来談していることに言及するような問を投げかける子どもは少なくありません。彼らなりに，相談室に来談しているということに向き合い，その意味を考えようとしているように思えてなりません。そのことこそが，彼らの成長の重要なきっかけになるのではないでしょうか。

　やりたいことを好きなようにやればよい，のではなく，上記のような自分にとってしんどいことに向き合っているその状態を，ねぎらい，認めてあげることは大切です。そこではしばしば，抑うつ感と同時に「自分はダメだ」「自分は〜できない」といった自己否定的な気持ちが出てきやすいものです。しかし

その感覚をまさに子どもが体験していること自体は真実なので，それを安易に「そんなことないよ」と否定してもあまり響かないことが多いようです。そんなふうに自分を否定的に感じてしまう状況は，彼らにとってどれだけ辛いことなのでしょう。その辛さに思いを馳せ，少しでも一緒に分かち合えるとよいですね。

　これも前に述べたことですが，自己肯定感を外側から第三者が与えることには限界があります。本当の自己肯定感は，自分はどうしようもない，と思うような落ち込みの中から，藁をもつかむような思いで少しずつはい上がってきて，そんな自分であっても誰かが見てくれている安心感の中で，少しずつ耐え，その耐えて生き続ける自分自身の経験の中から生まれるのが本物でしょう。綱渡りで今にも落ちそうになりながらも，何とか自分の力で最後まで渡りきった，そのことは子どもたちにとって大きな自信につながり，それが自己肯定感を高めるのです。何度も何度も倒れながらも諦めずに練習して，やっと自転車に乗れるようになるから自信につながるのです。倒れることは決してマイナスではありません。むしろ倒れてもまた立ち上がることが，プラスにつながるのです。

　以上のような変化が生じるためには，〈日薬〉（p.103）が必要です。カウンセリングは一度会ったら効果が出るようなものではありません。カンフル剤でもなければ頓服でもありません。そのことは学校の先生方やご家族にもご理解いただきたいと思います。

　心の問題を取り扱うのには，時間がかかります。しかし，子どもたちが限られた時間の中で発達課題を乗り越えていくことが求められているのも確かです。例えば中学3年次には，高校受験を控えます。そういう中で，あまりに深い自己探究の道に入り込むと，受験どころではなくなってしまいます。そのようなときには，いったん現実の適応を優先させる配慮も必要になってくるでしょう。しかしその後，進学後に再び，自己探究が必要になる場合があります。そのようなケースでは，中学と高校で異なるスクールカウンセラーに引き継がれるより，外来の相談室で同じカウンセラーに一貫して支えられる方にメリットがあるかもしれません。しかし必ずしもそういう環境が身近にあるとは限らないので，その際には，可能な範囲で現実的な対応をしていくことも必要だと思います。

44　4要因の使い方

- 類型論ではなく, **特性論**として
- 一口に「色」と言っても、多くの色がある。しかし, 3原色を混ぜ合わせることによって, 様々な色を表すことができる
- 同様に, 不登校と一口に言っても様々なタイプがあるが, 4要因を混ぜ合わせることによって, 多くの不登校を理解し, 支援の方針をアレンジすることができる

　この4要因の考え方について補足をしておきたいと思います。

　まず, 最初に述べたように, これは類型論ではなく, 特性論として考えていただきたいということです。つまり, 一人一人の子どもたちをどこかのカテゴリーに押し込めるのではなく, それぞれの特性が隠されていないかの可能性を考えていただきたいと思います。

　不登校といっても様々なタイプがあり, 一人一人事情は違い, 対応も個別の事例に応じて, というのが臨床心理学的発想です。しかしそうは言ってもというところで, この4つのカテゴリーを混ぜ合わせアレンジすると, かなり多様な状態を説明・理解することの助けになるのではないかと思っています。

　どう対応すればよいのか, という問いに対する答えは, 対象をどう理解するのか, という問いに含まれています。例えば自閉症の児童がいたとしましょう。こだわりや, ちょっとした物音にも落ち着きがなくなるといった事態に対して, 理屈(説明)はよいからどう対処したらよいか教えて欲しい, というのは真摯な態度ではありません。教育や心理の専門家である以上, 起きていることが一体どういう現象なのか, そのことを理解することこそが対処に至る道です。起きていることを理解した上で, 現在置かれている環境の中でできること, を探すのが誠実なアプローチです。

　それから私たちは,「わからない」現象に対しては強い不安が生じます。先ほどの自閉症の例でもそうです。しかし,なぜそういうことが起きるのか,理由を理解すれば不安は軽減され,落ち着いて対処することが可能になります。不登校の場合,単純に理由が理解できるということではないのですが,ここまで述べてきたような背景を考えることによって,少しでも理解が進めば,よりその子どもに適した対応をとることができるようになるのではないでしょうか。

　とは言っても,臨床心理学が対象とする事象に関する仮説は,自然科学のように,実験や観察によって検証するということができません。ですからこれが絶対的な不登校に関する仮説である,と強弁するつもりはありません。しかし,これまで多くの現場の先生方とお話をし,実際の不登校児とその家族に関わる中で,そんなに的はずれでもないのではないかと感じるようになりました。また,学校の先生方を対象にした研修会で,何度もこのテキストの元になったお話をさせていただきましたが,おおむね好意的に受け止めていただけたようでした。必ずといってよいほど,具体的な児童・生徒が思い浮かんだ,という感想をいただいてきました。

　一方,さらに多くの先生方の経験やお考えを聞かせていただくことで,より深い理解や,アプローチが開発できるとも思っています。また,時代の変化にともない,不登校の有り様にも変化が生じています。ですから,今回ご提案させていただいた考え方の中で,もし何か参考になりそうな部分があれば,ご活用いただければ幸いです。

　しかし,ここに描いてきたことだけで不登校を支援しようとすればそれは必ず限界が生じるはずです。その場合はやはり,個々の事例の特性や,置かれた状況に配慮しながら,常にそのつどの理解や対応をしていかなくてはならないと思います。と同時に,現場の先生方から多くのご意見ご感想をいただくことで,さらに論を磨き上げていくことができればと思っています。

45 自己愛的不登校と "新型うつ"

◎共通点
- 確かに抑うつ感はある
- 休みの日や，自分の好きなことをしていると元気
- 自分（自己愛）が傷つくことには敏感だが，他罰的
- 一時的によくなっても，不登校や出社できない状態が繰り返される
- 『社会的うつ』奥田祥子（晃洋書房，2020）

　最後に，不登校と「新型うつ」について考えてみたいと思います。新型うつというのは正式な診断名ではありません。どちらかといえばマスコミなどに取り上げられることが多い名称かもしれません。しかし，現場でこのようなタイプのうつが増えているのは事実のようです。奥田（2020）は，従来のうつ病に対して，「社会的うつ」という概念を提唱しています。これは，「企業内制度やメディア報道，製薬会社による疾病啓発キャンペーンの影響」などの「社会的要因」の影響を受けて診断された「うつ病」を指しているとのことです。

　そういう意味では今日の不登校の中にも，マスコミを通じた「無理して登校することはない」「学校が全てではない」と言ったある種のキャンペーン（？）が影響しているものがないとは言えないのかもしれません。

　そして，自己愛的不登校と新型うつの共通点として，抑うつ感はあるものの，休日は意外と元気ということがあげられます。大人の場合はうつの治療と称して旅行に出かける人もいるとか。この辺が従来のうつではあまり考えられないところでしょう。

　従来のうつでは自責の念や自罰感が強いために，休みの日であっても自分の

好きなように過ごせないことが普通でした。またうつになりやすい方は本来自罰的ですので，客観的に見て「それは環境がひどいよね」と思う場合であっても，自分の責任であると感じやすいのです。一方で，新型うつにおいては，うつの責任を上司や同僚など，他人のせいにする，他罰的な傾向があるのです。このように，従来のうつ病者とは基本的に異なる心性，ないしはパーソナリティと考えられます。それはあたかも，自己愛パーソナリティの，自己愛の傷つきによる抑うつ反応であるかのようです。

　従来のうつ病者は，回復すれば仕事に対する意欲は高いために，人一倍に仕事に取り組もうとします。それが次のうつの引き金になる危険もあるために，周りが少し抑える必要すらあります。しかし新型うつの場合は，むしろ本人が控えめで，周りがやきもきする，という状況に陥りやすいようです。

　しかし，本人が抑うつ感を感じており，医療機関でうつと診断されれば，周りはそれなりに配慮せざるを得ません。

　ここでは新型うつを論じるのが目的ではありませんが，一方私は，ある時期から従来の不登校とは異なる，これまで述べてきた自己愛的不登校の子どもたちが増えてきたと感じています。その自己愛的不登校の子どもたち，あるいはそれと同じような心性を抱えた子どもたちが成人した後，従来とは異なる「新型うつ」として，私たちの目の前に現れ始めているのではないかと思うときがあります。あるいは，自己愛的不登校が直接大人の新型うつにつながっている訳ではないにしても，何か社会の有り様が，自己愛的不登校や新型うつを容認する，あるいは生み出すような傾向になりつつあるのではないかとも感じています。

　もしそうであるならば，自己愛的不登校児に早くから介入して少しでも現実での適応力を身につけてもらうことは，将来の新型うつの予防にもつながるのかもしれません。

　いずれにしても，不登校を，子どもたちだけの問題と考えるよりは，大人の（新型）うつや引きこもりなどと連続した，社会全体の課題として取り組んでいくことが，もう少し求められる必要があるのではないかと思うのです。

　繰り返しになりますが，「そのうち何とかなる」では，社会的に大きな損失をすることになってしまうのではないかと危惧するものです。このテキストで述べたこととは全く違う理解やアプローチでも構わないので，一人でも多くの不登校児が社会に適応していただければ，嬉しく思います。

文　献

I　不登校の概況と４つの視点（要因）

・内閣府（2016）　若者の生活に関する調査報告書
・内閣府（2019）　生活状況に関する調査　概要
・国立精神・神経センター精神保健研究所・厚生労働省（2003）　10代・20代を中心とした「ひきこもり」をめぐる地域精神保健活動のガイドライン―精神保健福祉センター・保健所・市町村でどのように対応するか・援助するか―　「社会的ひきこもり」に関する相談・援助状況実態調査報告（ガイドライン公開版）
・外国人技能実習機構（2019）　平成30年度業務統計
・厚生労働省（2019）「外国人雇用状況」の届出状況まとめ（平成30年10月末現在）
・文部科学省（2019）　平成30年度　児童生徒の問題行動・不登校等生徒指導上の諸課題に関する調査結果について
・文部科学省（2017）　不登校児童生徒による学校以外の場での学習等に対する支援の充実～個々の児童生徒の状況に応じた環境づくり～
・妙木浩之（2010）『初回面接入門』岩崎学術出版
・杉田峰康（1988）『教育カウンセリングと交流分析』チーム医療

II　精神疾患と神経発達症群

・三谷美佐子（2013）『「なまけ病」と言われて～脳脊髄液減少症～』秋田書店
・村田豊久（1996）「学校における子どものうつ病―Birleson の小児期うつ病スケールからの検討―」最新精神医学1 （2）
・神田橋條治（2005）「双極性障害の診断と治療―臨床医の質問に答える―」臨床精神医学34（4）アークメディア
・かしまえりこ（2007）「『躁うつ体質』概念の導入により、見立てが整理されていった不登校・家庭内暴力の事例」村山正治・滝口俊子編『事例に学ぶスクールカウンセリングの実際』創元社
・髙橋三郎・大野裕監訳（2014）『DSM-5　精神疾患の分類と診断の手引』医学書院
・宮口幸治・松浦直己（2014）『教室の「困っている子ども」を支える７つの手がかり　この子はどこでつまずいているのか？』明石書店
・宮口幸治（2019）『ケーキの切れない非行少年たち』新潮社
・A. プリフィテラ・D.H. サクロフスキー・L.G. ワイス編，上野一彦監訳，上野一彦・バーンズ亀山静子訳（2012）『WISC- Ⅳの臨床的利用と解釈』日本文化科学社

・AAIDD　米国知的・発達障害協会用語・分類特別委員会編，太田俊己・金子健・原仁・湯汲英史・沼田千妤子訳（2012）『知的障害　定義、分類および支援体系　第11版』日本発達障害福祉連盟

・内閣府（2020）　令和 2 年版障害者白書

・山本譲司（2006）『累犯障害者』新潮社

・辻井正次（2019）「無料低額宿泊所等において日常生活上の支援を受ける必要がある利用者の支援ニーズ評定に関する調査研究事業（平成29年度及び30年度社会福祉推進事業より）」第 7 回　社会福祉住居施設及び生活保護受給者の日常生活支援の在り方に関する検討会　資料　厚生労働省ホームページ https:www.mhlw.go.jp/content/12002000/000514874.pdf

・村田豊久（2009）『子ども臨床へのまなざし』日本評論社

III　神経症的不登校と自己愛的不登校

・池田久剛（2003）『カウンセリングとは何か［実践編］』ナカニシヤ出版

・神田橋條治（2007）「PTSD の治療」臨床精神医学36（ 4 ）アークメディア

・帚木蓬生（2017）『ネガティブ・ケイパビリティ　答えの出ない事態に耐える力』朝日新聞出版

・村山正治（1992）『カウンセリングと教育』ナカニシヤ出版

・田嶋誠一（2016）『その場で関わる心理臨床　多面的体験支援アプローチ』遠見書房

・田嶋誠一（2001）「不登校引きこもり生徒への家庭訪問の実際と留意点」臨床心理学 1 （ 2 ）金剛出版

・A. ストー，吉田圭吾監訳，佐藤淳一訳（2015）『心理面接の教科書　フロイト，ユングから学ぶ知恵と技』創元社

・H. コフート，水野信義・笠原嘉監訳，近藤三男・滝川健司・小久保勲共訳（1994）『自己の分析』みすず書房

・H. コフート，本城秀次・笠原嘉監訳，幸順子・緒賀聡・吉井健治・渡邊ちはる共訳（1995a）『自己の治癒』みすず書房

・H. コフート，本城秀次・笠原嘉監訳，本城美恵・山内正美共訳（1995b）『自己の修復』みすず書房

・W. R. ビオン，福本修・平井正三訳（2002）『精神分析の方法Ⅱ〈セブン・サーヴァンツ〉』法政大学出版局　"Attention and Interpretation" Tavistock Publication, 1970

・D. W. ウィニコット，牛島定信訳（1977）『情緒発達の精神分析理論　自我の芽ばえと母なるもの』現代精神分析双書第Ⅱ期・ 2，岩崎学術出版　"The Maturational Processes and the Facilitating Environment" Hogarth Press, 1965

IV 4つの視点からの理解と支援

・D. W. ウィニコット，北山修監訳（2005）『小児医学から精神医学へ　ウィニコット臨床論文集』岩崎学術出版　"Transitional Objects and Transitional Phenomena" 1951
・帚木蓬生（1994）『閉鎖病棟』新潮社
・帚木蓬生（2017）前掲
・W. R. ビオン（1970）前掲
・奥田祥子（2020）『社会的うつ　うつ病休職者はなぜ増加しているのか』晃洋書房

おわりに

　最後までお読みいただき，ありがとうございます。もっとも，具体的な介入技法などはさほど書かれていないために，がっかりされた方もいらっしゃるかもしれません。それにはどうしても，限界があるのです。

　以前，どこかのとある研修会で，以下のようなエピソードを耳にしました。

　ある小学校の校長先生は，気さくな人柄で児童からも慕われていたのですが，少しずつ，校長室が，教室には入れない児童のたまり場のような様相を呈してきました。どう対応してよいかわからず頭を抱えていたところ，地域の方から，それまで家で飼っていた九官鳥を，転居か何かの事情で飼い続けることができなくなったので，ぜひ学校で引き取って欲しいと懇願され，仕方なく校長室でお世話をすることになったそうです。引き取った以上は大事な生命なので，校長先生が日々お世話をしていたところ，少しずつ言葉を覚えて話すようになりました。それを見ていた子どもたちも，この九官鳥に大変興味を抱いて，競ってお世話をし，九官鳥に言葉を覚えさせようと，語りかけるようになりました。そうして毎日九官鳥に語りかけているうちに，子どもたちは少しずつコミュニケーションに自信を持つようになり，そのうち少しずつ，元の教室に戻っていくことができるようになったのだそうです。

　その話は近隣の学校にもすぐに広まり，相談室登校している子どもたちを抱える学校で，「九官鳥を飼えば教室に戻れる」という噂が流れ，相談室に九官鳥を飼うブームが訪れたそうです。しかし，近隣の学校で成功したケースはなかったのだそうです。

　私の記憶は不正確かもしれませんし，この話が真実なのか，確かめたわけではありません。しかし，さもありなんとは思うのです（故河合隼雄先生のお話だったような気もするのですが定かではありません，どなたかご存じの方がいらっしゃいましたらお教えいただければ幸いです）。

　決して九官鳥が相談室登校の児童を教室に戻す特効薬ではありません。それが成功した最初の学校では，それ以前に，子どもたちが日々校長室に登校して校長先生と交流し，心を通わせていたという下地があったのです。その関係性の中で，九官鳥をお世話する校長先生の姿を取り入れることで，初めて成り立つ話なのです。もちろん児童の話によく耳を傾け，また地域住民から押し付け

られた九官鳥を大切にお世話する校長がいて，あそこの学校（校長）だったら，飼えなくなった九官鳥を，きっと引き取って大切に世話をしてくれるだろうと思う地域住民がいて，そういう校長や地域，そして校長室という空間を大切にする教職員集団がいて，といった複合的な要因が重なり合って初めて成り立つストーリーなのです。

　カウンセリングでもしばしば起きがちなのは，ある成功事例の報告を参考にして同じように関わっているにもかかわらず，なかなか同じようにはうまくいかないという現象です。一つの成功事例には様々な要因が重なり合っているのですが，私たちには多くの場合，そのほんの一部を意識することや再現することしかできないのです。さらに，成功事例の「やり方」を再現することに注意が向けられるあまり，もっとも肝心な，一人一人のクライエントに十分耳を傾け，よく見て，理解・反応することが，おろそかになってしまいかねません。それでは本末転倒なのですが，「成功事例」はしばしばそのような倒錯した弊害をもたらす危険性があります。

　このような理由で私は，あまり具体的な「やり方」には触れませんでした。このテキストで述べさせていただいたようなことは念頭に置きながらも，個々の事例に対してはあくまで，個別の事情や状況を鑑みて対応を探っていただければと思います。また，「はじめに」でも述べたように，あくまでこれは試論であり仮説です。伊能忠敬が記したような詳細な地図にはほど遠いものがあります。現場の多くの先生方に参考にしていただき，必要に応じて修正，アレンジ，あるいは全く新しい仮説をご提案いただければ幸いです。多くの心理的現象がそうであるように，不登校もその時代や文化の影響を強く受けます。時代と共に新しい仮説が必要とされるのは必然です。私の提案を踏み台として，次世代の新しい仮説づくりに少しでも貢献できるとしたら本望です。

　なお，本書の内容については，2013年に佐賀県で全国適応指導教室連絡協議会四国・九州地域会議第19回佐賀大会において，基調講演でお話をさせていただき，さらにその際ご参加いただいていた福岡市教育センター様にお声をおかけいただき，翌2014年から2019年まで毎年，福岡市教育センターの夏期の教育相談研修講座でお話をさせていただいた内容に加筆修正を加えたものです。この本をまとめることができたのは，当時佐賀県教育センターにご勤務されていた中尾恵子先生に，全国適応指導教室連絡協議会にお呼びいただいたことがきっかけです。このような貴重なご縁を賜りましたことを，深く感謝申し上げます。

　またその後教育センターをはじめ，様々な研修会等で，多くの現場の先生方に話を聞いていただき，貴重なご意見やご感想をお聞かせいただくことができました。それら一つ一つが，このような形でまとめさせていただく際のヒントになり，原動力にもなっています。この場を借りて感謝申し上げます。

　もちろん，現場で多くのことを教えてくれた子どもたちや保護者の皆様，一緒に頭を抱えて取り組んでくださった先生方，多くの方々がいなければこの本をまとめることはできませんでした，ありがとうございます。

　最後になりましたが，本書をまとめるにあたって，拙い原稿に目を通し，貴重なご助言を頂き，完成まで丁寧に寄り添い読みやすく仕上げていただいた，金子書房編集部の亀井千是様には，言い尽くせない感謝の思いで一杯です。本当にありがとうございました。

　　2021年4月

　　　　　　　　　　　　　　　　　　　　　　　　　池田久剛

索　引

著者紹介

池田久剛（いけだ　ひさたか）

九州大学教育学研究科修士課程修了（教育心理学）

臨床心理士・公認心理師

教護院（現・児童自立支援施設）指導員，知的障害者通所授産施設（現・障がい者生活・就労支援施設）生活指導員，精神科臨床心理士，等を経て，西九州大学，同大学院教授。2022年より，筑紫女学園大学人間科学部心理・社会福祉専攻，同大学院人間科学研究科人間科学専攻教授。また，1997年より，小・中・高等学校等で，スクールカウンセラー。

著書に，『カウンセリングとは何か』（［理論編］及び［実践編］ともにナカニシヤ出版），『LD・ADHD・自閉症・アスペルガー症候群「気がかりな子」の理解と援助』（分担執筆，金子書房），『事例に学ぶスクールカウンセリングの実際』（分担執筆，創元社）等。

実践セミナー　不登校の理解と支援
——4つの視点によるアプローチ

2021年6月30日　初版第1刷発行　　　　　　　　［検印省略］
2022年6月30日　初版第2刷発行

著　者　　池田久剛
発行者　　金子紀子
発行所　株式会社　金子書房

〒112-0012　東京都文京区大塚 3-3-7
電話03-3941-0111(代)　FAX 03-3941-0163
振替00180-9-103376
URL https://www.kanekoshobo.co.jp
印刷・藤原印刷株式会社／製本・一色製本株式会社